DONA
GRATIA D'ATAÏDE,
COMTESSE DE MÉNÉSÈS,
HISTOIRE PORTUGAISE.

DONA GRATIA D'ATAÏDE,

COMTESSE

DE MÉNÉSÈS,

HISTOIRE PORTUGAISE.

A LA HAYE;

Et se trouve,

A PARIS,

Chez LACOMBE, Libraire, rue Christine.

M. DCC. LXX.

[illegible]

[illegible]

[illegible]

[illegible]

[illegible]

A MA NIECE.

*L'*AMITIÉ me donna cet ouvrage. Le même sentiment m'engage
à vous l'offrir ; les événemens qu'il
contient n'ont pour objet que de cou-
ronner l'amour de deux Amans ,
dont la vertu seule est le guide & la
récompense. C'est sous cet auspice
qu'il peut mériter de vous être pré-
senté. Oubliez, s'il se peut, la frivo-
lité du don en faveur du motif.
C'est l'encens de mon cœur ; & les
droits, que je me flatte d'avoir sur le
vôtre, me font espérer que vous re-

cevez mon hommage, avec autant
de plaisir, que j'en ai à vous le
rendre.

DONA
GRATIA D'ATAÏDE,
COMTESSE DE MÉNÉSÈS,
HISTOIRE PORTUGAISE.

DOM JEAN III, par sa mort, laissa le royaume de Portugal à dom Sébastien son petit-fils, âgé de trois ans. Il avoit désigné pour régente & tutrice de ce jeune Prince, la Reine Catherine d'Autriche sa femme, aïeule de Sébastien, qui avoit toute la capacité nécessaire pour bien gouverner.

Au commencement de sa régence, le Chérif Abdala ayant assiégé la ville de Masagnan, avec une armée de quatre-vingt mille hommes, la Reine envoya en Afrique Alvarès de Sylva, qui, avec deux mille soldats choisis, contraignit le Chérif à lever le siege & à s'enfuir honteusement.

Ce grand succès & plusieurs autres illus-
trerent le gouvernement de la Reine; mais
les Portugais ne pouvant s'accoutumer à la
domination d'une femme, quelqu'habile
qu'elle fût, la Reine, par une grandeur
d'ame peu commune, se démit volontai-
rement de la régence en faveur du cardinal Henri, oncle du jeune Roi.

Avant son abdication, la Reine avoit
marié au duc d'Aveiro, fils de l'Infant
dom George, l'unique héritiere du duc
d'Abrantès, princesse du sang royal, fort
riche, & orpheline dès son bas âge. Le
duc d'Aveiro âgé de quarante ans, ayant
peu d'inclination pour le mariage, sentit
beaucoup de répugnance à prendre une
femme de douze ans : mais la Reine qui
aimoit tendrement la jeune Princesse, exigea cette complaisance du Duc, qui lui
étoit fort attaché.

Un mariage si mal assorti ne promettoit
pas un succès fort heureux ; cependant le
Duc, plein de sentimens d'honneur & de
probité, eut toujours pour sa femme les
égards convenables ; mais il n'eut jamais de
goût pour elle, & se livra tout entier au
penchant qu'il sentoit pour la guerre.

La jeune Princesse étoit née avec un tempérament vif & trop susceptible de tendresse ; son caractere fier & hautain donnoit encore à ses passions un empire sur elle, auquel elle ne pouvoit résister : dominée par la colère elle ne pardonna jamais, mais elle sçut dissimuler. Sa beauté lui asservissoit d'abord tous ceux qui ne pénétroient pas les défauts de son cœur ; elle avoit un éclat prodigieux dans toute sa personne, & ses regards pleins de feu sembloient lire jusqu'au fond de l'ame. Sa taille, remplie de majesté, imprimoit un respect qui saisissoit au premier coup d'œil. L'amour s'y fût joint facilement, si elle eût pris le soin d'y mêler quelque douceur. Trop jeune encore lors de son mariage, la Reine ne connoissoit que les agrémens de son esprit : brillante & enjouée, & d'ailleurs généreuse jusqu'à la profusion, elle attira chez elle tous les plaisirs, & se fit adorer de tout ce que la Cour de Portugal avoit de plus aimable.

Le cardinal Henri conservoit en apparence de grands égards pour la Reine : la duchesse d'Aveiro par son adresse, sçut plaire au Cardinal, sans déplaire à cette

A iv

Princesse , & par son crédit sur l'esprit du Prince , autant que sur celui de la Reine , elle devint bientôt maîtresse de toutes les graces.

Dom Louis d'Ataïde comte d'Atougia, étoit intime ami du duc d'Aveiro ; la Duchesse crut se faire honneur , en contribuant à le faire nommer à la vice-royauté des Indes. Dom Louis avoit toutes les qualités requises pour un si grand emploi ; sa valeur & sa capacité le distinguoient également , sa naissance & ses richesses le mettoient en état de soutenir cette grande dignité avec tout l'éclat imaginable.

Il partit pour les Indes avec cinq vaisseaux de guerre , commandés par les Capitaines les plus renommés & fut accompagné par Léonore de Souza sa femme , suivie de Dona Gratia leur fille unique , âgée de treize ans , pour qui il avoit la plus vive tendresse.

La duchesse d'Aveiro vit partir Dona Gratia avec beaucoup de douleur ; elle sentoit pour elle une amitié si forte , qu'elle n'oublia rien pour engager dom Louis à la laisser auprès d'elle ; mais ce tendre pere ne put se résoudre à s'en séparer. La

Duchesse obligée de se rendre, combla de caresses & de présens Dona Gratia & conduisit elle-même la Vice-reine & sa fille au vaisseau qui leur étoit préparé ; dòm Louis régala la Duchesse d'une fête magnifique.

La jeune Ataïde étoit déja d'une beauté singuliere, mais qui n'approchoit pas de ce qu'elle devint par la suite. Son esprit, orné de toutes les sciences convenables à son sexe, surpassoit encore sa beauté. Une douceur charmante dans le caractere, & une noblesse infinie dans les sentimens achevoient de la rendre parfaite ; pleine de raison & de sagesse, elle sçut toujours conserver de la fermeté au milieu dès peines les plus sensibles.

Dom Louis d'Ataïde arriva heureusement à Goa, où il fut reçu avec les plus grands honneurs ; les qualités solides & brillantes qu'on remarquoit en lui, firent tout espérer de son gouvernement ; & pour le rendre encore plus respectable, & en imposer plus vivement aux soldats, & au peuple, il ordonna à tous les Officiers, Commandans & Gouverneurs de places, de ne lui parler que tête nue, & de ne s'asseoir en sa présence que sur des tabourets. Cette innovation fit murmurer la noblesse ; mais Ataïde, qui n'avoit pas moins de fermeté que de valeur, voulut être obéi ; & tous se soumirent à ses ordres.

Ce ne fut pas le seul établissement nouveau que dom Louis introduisit dans les Indes. Persuadé que la retraite rigoureuse que l'on exige des femmes en Portugal, ne sert qu'à leur donner plus de goût pour la liberté, il voulut que la Vice-reine & sa fille, parussent en public dans tout l'éclat dû à leur rang. Elles eurent une cour brillante & nombreuse ; & tous les plaisirs propres à soutenir une grande dignité, se réunirent dans le palais du Vice-roi.

A son arrivée, il avoit trouvé le commerce languissant, & la marine presque détruite ; bientôt par ses soins la confiance fut rappellée. L'on vit des flottes considérables, en état de tout entreprendre pour maintenir & étendre la réputation des Portugais. Il fit des conquêtes nouvelles, & par de puissans secours, il retint dans son parti les Princes qui étoient sur le point de l'abandonner ; il sçut même se procurer de nouveaux alliés. Enfin les affaires des Indes devinrent aussi glorieuses, qu'il les avoit trouvées mal en ordre. Tout retentissoit à Lisbonne des prodiges d'un gouvernement si sage. La duchesse d'Aveiro y prenoit une part infinie, & se glorifioit d'avoir placé dans ce poste éminent un homme d'un si rare mérite.

Un an après le départ de dom Louis, il arriva à la Cour des événemens qui en changerent la face, & qui donnerent à la duchesse d'Aveiro un crédit, auquel elle n'auroit pas dû prétendre.

La reine Catherine, vivement piquée contre le cardinal Henri, venoit de se retirer dans un monastere, après avoir juré une haine immortelle à ce Prince, qui, travaillant sans cesse à la détruire dans l'esprit du Roi, y étoit enfin parvenu par la trahison insigne du Jésuite Torrès Confesseur de la Reine, auquel cette Princesse ne pardonna jamais.

Depuis la retraite de la Reine, la duchesse d'Aveiro seule Princesse du sang royal à la Cour, jouissoit de tous les honneurs dûs à ce haut rang. Elle aimoit les plaisirs, & maîtresse de ses actions par le peu d'intérêt que son mari prenoit à sa conduite, elle ne s'embarrassa plus de la contrainte observée par les autres femmes. Le Roi jeune encore, malgré sa répugnance naturelle pour le beau sexe, s'amusoit de la conversation de cette Princesse, quand il n'étoit pas occupé des projets de guerre, qui dès-lors animoient tous ses soins.

Bientôt les fêtes & les spectacles remplirent la ville de Lisbonne; la jeunesse de la Cour, vive & brillante, excitée encore par le desir de plaire à la Duchesse, y répandit un air de galanterie & de magnificence, qui y attira tous les Seigneurs du Royaume.

Dom Joseph de Ménésès, fils du Gouverneur du Roi, y parut avec le plus de splendeur. Son pere qui l'aimoit tendrement ne plaignoit aucune dépense pour le faire briller avec avantage : il brûloit du desir de le marier; mais dom Joseph éloigné de tout établissement, ne vouloit pas encore s'engager, quoiqu'il eût près de trente ans; il avoit du goût pour les plaisirs, il les trouvoit chez la Duchesse, & il ne quittoit plus son palais. Cette Princesse commençoit à le regarder avec distinction, lorsque dom Emanuel de Ménésès arriva à la Cour de Lisbonne. Il étoit fils de dom George de Ménésès , qui avoit acquis une grande réputation de valeur aux Indes , & qui y possédoit alors toute la confiance de dom Louis d'Ataïde.

Dom George avant que de partir pour s'y rendre , avoit envoyé dom Manuel encore enfant , à la Cour de Madrid , auprès du Connétable de Castille , pere de sa mere , qui étoit morte en lui donnant la naissance. Le Connétable s'étoit fait un plaisir d'élever le jeune Ménésès ; il avoit eu soin de lui faire faire sous lui ses premieres armes , & ce jeune Seigneur s'étoit distingué par des actions de valeur au-dessus de son âge. Parvenu à vingt ans , dom Manuel eut envie de revoir sa patrie ; le Connétable cédant à un desir si raisonnable , le renvoya à Lisbonne avec un train d'une magnificence extrême ; mais tout cet éclat étoit effacé par la figure de dom Manuel. Les regards ne s'arrêtoient que sur lui. L'air du monde le plus noble , & les graces les plus touchantes composoient toute sa personne ; ses cheveux d'un blond argenté , & d'une beauté singuliere , ajoutoient encore aux charmes de sa physionomie , qui forçoit tous les cœurs à se rendre ; & la générosité de son ame lui gagnoit l'estime & l'amitié de tous ceux qui le connoissoient plus particuliérement.

Dès qu'il parut à la Cour, on ne parla plus que de lui : son adresse dans tous les exercices du corps donnoit un nouveau lustre aux grandes qualités qu'il possédoit d'ailleurs ; il surpassoit tous les Seigneurs, mais par une noble modestie, il sçut se mettre à couvert des traits de la jalousie ; enfin il parut si supérieur en tout, que personne n'imagina de lui disputer ses avantages.

La Duchesse ne put résister à tant d'attraits, les tendres sentimens qu'elle avoit dans le cœur, n'ayant rencontré que de la résistance de la part de son mari, elle ne trouva que trop de disposition en elle-même pour une nouvelle passion ; elle aima dom Manuel d'un amour sans bornes, & l'aima uniquement & pour jamais. Dom Joseph qui avoit fait d'abord quelque légere impression sur son ame fut entiérement oublié ; mais ignorant les sentimens de la Duchesse en sa faveur, il n'eut pas le dégoût de la préférence. Les deux cousins se lierent par l'amitié la plus

tendre ; ils étoient l'un & l'autre ce qu'il
y avoit de plus confidéré à la Cour, la
jaloufie ne troubla point encore leur intelligence, ils ne fongerent alors qu'à leurs
plaifirs.

Madame d'Aveiro n'étoit plus occupée
que de dom Manuel ; mais diffimulée autant par tempérament que par politique,
on ne prit nul foupçon d'une paffion fi
forte. Dom Manuel empreffé à lui plaire,
& la louant dans toutes les occafions fur
fa beauté, lui donna lieu de croire qu'elle
avoit touché fon cœur ; elle s'en flatta avec
une joie fenfible. Il n'avoit cependant pour
elle que cette forte de goût qui attache un
jeune homme auprès d'une femme aimable, jufqu'au moment que frappé d'un
trait plus vif le cœur fe livre fans réferve.
La Ducheffe malgré fa pénétration, fe laiffa
prendre aux apparences parce qu'elles flat-
toient fes defirs ; mais ce n'étoit pas
encore affez, elle voulut s'en affurer par
l'aveu même de fon Amant, & trouvant
un prétexte pour l'attirer feul dans fon
cabinet, elle lui parla d'abord d'une fête
qu'elle avoit imaginée. Elle mit infenfiblement la converfation fur le chapitre de

la galanterie, elle s'informa avec curiosité des femmes de la Cour de Madrid, elle lui fit mille questions sur les conquêtes qu'il avoit dû y faire ; mais dom Manuel, ajouta-t-elle en rougissant, je vous vois peu occupé de cette Cour : regreteriez-vous quelque belle Espagnole. Ah ! Madame reprit, dom Manuel, quand on a eu l'honneur de vous voir, on doit oublier toutes les beautés du monde. Ce discours n'est que galant, dit la Duchesse ; je ne suis pas assez vaine pour le croire ; je ne demandois que la confidence de vos amours en Espagne, & mon dessein n'étoit point de m'attirer des louanges. Seriez - vous offensée, Madame, répliqua dom Manuel, parce que je vous rends la justice que personne ne peut vous refuser ?... Dom Manuel, les discours généreux me touchent médiocrement, interrompit la Duchesse, avec un peu d'émotion & d'embarras ; mais c'est assez, ajouta-t-elle, le Roi m'attend pour une partie de chasse, je vais m'y rendre. A ces mots elle se leva ; & s'étant remise en passant dans sa chambre, elle reprit en souriant, je compte vous voir à la chasse ; n'y serez-vous pas ? Oui, Madame, daine, j'aurai l'honneur d'y suivre le Roi, répondit dom Manuel ; mais croyez, je vous prie, que ce n'est pas la seule raison qui m'y engagera. Il fit une profonde révérence & se retira.

La Duchesse s'applaudit en secret de ce qui venoit de se passer ; & quoiqu'un peu de honte l'eût arrêtée, elle crut en avoir assez dit pour faire connoître à dom Manuel la vive impression qu'il avoit faite sur son cœur. Elle étoit assez contente de son Amant ; il lui avoit paru touché de sa beauté ; & attribuant au respect qu'il lui devoit la contrainte qu'elle avoit remarquée sur son visage, elle ne lui en sçut point mauvais gré. Mais dom Manuel retiré chez lui n'étoit pas sans trouble ; il ne sçavoit quelles idées prendre sur les discours de la Duchesse. J'ai cru voir de l'amour dans ses yeux, disoit-il ; sa rougeur l'a décélée, elle m'a parlé avec plus de chaleur que l'on ne parle à quelqu'un d'indifférent. Mais quoi ! une femme se déclare-t-elle ainsi dès la premiere occasion ? Non, la Duchesse a voulu se divertir; en cherchant à pénétrer dans mon cœur, elle m'a tendu un piege auquel je ne me laisserai pas prendre. Que dis-je, reprenoit-il un moment après, si ce que je regarde comme un jeu devenoit sérieux un jour, quel usage en ferois-je ?.... La Duchesse est belle & aimable : n'étant point amoureux, me livrerois-je au goût qu'elle auroit pour moi sans être véritablement touché ; ne feroit-ce pas la trahir ? Peut-être aussi mon cœur se fait-il illusion : n'ai-je pas pour elle un commencement de passion qui pourra se fortifier par son amour, si elle continue à m'en donner des preuves ? Sans consulter davantage la disposition de son cœur, il se détermine en homme de son âge, à profiter de ce que sa bonne fortune lui offroit, & se rend dans l'appartement du Roi, qui partit sur l'heure pour la chasse.

La Duchesse étoit déja au rendez-vous, plus belle que l'astre du jour ; dans l'envie de plaire à dom Manuel elle n'avoit rien négligé pour faire briller ses attraits. Elle montoit un cheval dont la blancheur auroit effacé celle de la neige, son habit d'écarlate, brodé d'or & de perles, étoit presque couvert de ses longs cheveux qui étoient simplement arrêtés par une agraphe

de pierreries ; un bonnet de plumes couleur de feu & blanches, rehausſoit encore
la majeſté de ſon viſage.

Dans cet ajuſtement, Diane au milieu
de ſa Cour lui eût cédé l'avantage de la
beauté. Dom Manuel en fut frappé. Il ne
put s'empêcher de l'admirer, & de lui en
faire l'aveu. La Ducheſſe triomphoit ; les
regards de ſon Amant ne lui permirent
plus de douter de ſa victoire, & elle revint chez elle perſuadée de la défaite de
dom Manuel.

Enchantée de ſon bonheur, elle ouvrit
ſon ame à Dona Clara ſa Dame d'honneur, qui depuis ſa tendre jeuneſſe poſſé-
doit toute ſa confiance. Cette confidente
n'applaudit pas d'abord à une paſſion ſi
dangereuſe, mais la Ducheſſe ſçut la gagner, & ſeule dans ſon ſecret elle la ſervit avec fidélité.

La Princeſſe avoit des meſures à garder
avec ſon mari & avec toute la Cour ; le
myſtere d'ailleurs étoit trop de ſon goût,
pour expoſer au public une intrigue de
cette eſpece. Elle en déroba la connoiſſance avec adreſſe, mais elle brûloit du
déſir de revoir dom Manuel ; les occaſions

B ij

de lui parler sans témoins étant très-difficiles à ménager , elle fut long-temps sans en trouver une favorable. Elle le voyoit tous les jours, dans les assemblées de plaisirs qu'elle faisoit naître sans cesse. Ses yeux ne laissoient rien ignorer à dom Manuel de ce qu'elle pensoit ; il paroissoit entendre leur langage & y répondre au gré de la Duchesse , mais elle eût desiré un entretien particulier , & il s'y trouvoit bien des obstacles.

Les choses étoient en cet état , lorsque le Roi reçut des nouvelles du Vice-roi des Indes qui causerent un mortel chagrin à la Duchesse. Dom Louis donnoit avis au Roi d'une puissante ligue qui menaçoit les Portugais , & la ville de Goa étoit sur le point d'être assiégée. Ferme au milieu des plus grands périls , Ataïde ne paroissoit pas fort allarmé de cet événement ; il assuroit même le Roi qu'avec les seules forces dont il disposoit dans les Indes , il sçauroit arrêter le progrès de l'ennemi ; mais à la Cour de Portugal on jugea de secours nécessaire , & l'on n'y perdit pas de temps.

Cette résolution ne fut pas plutôt répandue, que toute la brillante jeuneffe demanda avec inftance de l'emploi dans cette guerre. Dom Manuel parut plus em-preffé que nul autre ; l'envie de revoir fon pere après une fi longue abfence, fe joignit à l'ardeur d'acquérir de la gloire pour laquelle il avoit tant de paffion. Le Roi fut tenté d'abord de s'y rendre lui-même, agréa le fervice de dom Manuel & de dom Jofeph fon coufin, qui ne marquoit pas moins de chaleur pour cette expédi-tion.

La tendreffe de dom Alexis de Ménésès pour fon fils le rendit infiniment fenfible à fon départ ; mais jaloux de fa gloire, il confentit à ce voyage & n'omit rien pour qu'il parût à Goa, avec tout l'éclat ima-ginable ; d'autres vues encore intéreffoient dom Alexis, & lui firent defirer que dom Jofeph brillât dans les Indes, fupérieure-ment à tout autre.

Cet événement imprévu n'infpira pas à la Ducheffe des fentimens fi généreux : elle n'apprit la réfolution de dom Manuel qu'avec des tranfports de douleur. Il m'a-bandonne le perfide, s'écria-t-elle ! N'a-t-il donc paru à mes yeux que pour percer mon cœur d'un trait empoisonné ? Non, dom Manuel, vous ne partirez point, vous céderez à ma passion; il faut le voir Dona Clara, ajouta-t-elle, mon désespoir le touchera peut-être, ou je mourrai à sa vue. Ah ! que dites-vous, Madame, reprit Dona Clara épouvantée d'un tel projet ? Voulez-vous donc vous opposer à un voyage indispensable? Son pere & la gloire l'appellent à Goa. Oui, je le sçais, interrompit la Duchesse ; la préférence qu'il leur donne sur moi paroîtroit juste à toute autre qu'à une Amante au désespoir ; mais mon amour s'irrite avec fureur contre un départ qui me l'arrache. Qu'il vienne, Dona Clara, mon état le rendra sensible; & son cœur, s'il n'a pas la dureté du diamant, s'attendrira à mes larmes. Dona Clara n'irrita point ses premiers transports par des réflexions inutiles ; mais dès qu'elle la vit un peu moins agitée : en vérité, Madame, lui dit-elle, l'amour peut-il causer des transports si vifs, pour un Prince dont vous ignorez les sentimens ? Que vous a promis dom Manuel pour le traiter de perfide?.... Il est vrai, reprit la Duchesse, j'ignore les sentimens de son cœur, & les miens ne lui font pas affez connus; il faut lui déclarer la violence de ma paffion, j'y fuis déterminée, je le veux..... Ah! ma chere Clara, fers mon amour, ou donne-moi la mort, je ne puis vivre fans dom Manuel.

Dona Clara interdite, n'ofoit regarder la Duchefle qui verfoit un torrent de pleurs; elle eût donné fa vie pour la détourner d'une réfolution fi extraordinaire : affligée vivement d'un projet qui perdoit fa maîtreffe, elle lui en repréfenta cent fois le danger... Que penfera dom Manuel ? lui difoit-elle encore. Se rendra-t-il à une paffion affez déraifonnable pour exiger le facrifice de fa gloire ? Attendez fon retour, Madame, il ne peut-être éloigné, le temps amene tout........ Que me propofes-tu ? s'écria la Duchefle. Mon amour peut-il fouffrir un délai qui m'enlevera dom Manuel peut-être pour jamais ? Céde à mes tranfports, ma chere Clara, fois fenfible à l'état où tu me vois, & ceffe de combattre une réfolution que rien ne peut changer.

Dona Clara fe rendit en apparence, mais elle fe flatta que le défaut d'occafions serviroit ses desirs. En effet, il n'étoit pas facile d'en faire naître ; dom Manuel ne les recherchoit plus : occupé de ses projets, il étoit sans cesse chez le Roi, pour travailler avec lui au détail de ce qui concernoit le secours. Dom Alphonse de Mendoce avoit été nommé pour commander la flotte, composée de six gros vaisseaux de guerre & d'un grand nombre de bâtimens de transport. Mendoce se reposoit sur dom Manuel d'une infinité de soins dont il le jugeoit très-capable.

Dans cet embarras il s'occupoit peu de la Duchesse, dont le désespoir redoubloit chaque jour ; les plaisirs avoient fait place aux préparatifs de guerre. La Duchesse incapable de tout amusement, ne sortoit de son palais que pour aller chez le Roi, dans l'espoir d'y trouver dom Manuel ; ils s'y rencontroient souvent , mais environnés de tant de monde, qu'elle ne pouvoit s'expliquer avec lui que par la langueur de ses regards.

Un soir qu'elle étoit fort abattue, dom Manuel s'approcha d'elle, & lui dit tout bas : Qui peut vous causer l'abattement où je vous vois ? Seriez-vous seule, Madame,

insensible à la gloire que nous allons acquérir ? La Duchesse étonnée de ce discours, ne répondit que par un profond
soupir qui surprit dom Manuel à son tour.
Que vois-je, Madame, lui dit-il, vous paroissez plongée dans une douleur excessive.
Ah ! dom Manuel, répondit la Duchesse
en voulant cacher les larmes qui couloient
malgré elle, devez-vous ignorer la situation de mon cœur ? ou pourquoi suis-je
assez foible pour vous la laisser voir ? Dom
Manuel, frappé d'un aveu dont il connoissoit toute la force, ne put s'empêcher d'en
être attendri ; & s'approchant de l'oreille
de la Duchesse, il lui dit d'un air touché :
Puis-je me livrer aux idées qui me flattent ?
& ne serez-vous point offensée de ma témérité ? Mais, Madame, ajouta-t-il sans
attendre sa réponse, accordez-moi chez
vous un moment d'audience, le lieu où
nous sommes ne peut souffrir un plus long
entretien & j'ai cent choses à vous dire.
La Duchesse enchantée d'une priere si touchante, sentit un mouvement de joie si
opposé à la douleur qui la pressoit depuis
long-temps, qu'elle ne put résister au combat qui se fit dans son ame, elle se trouva

si foible qu'il fallut la reporter chez elle.

Dom Manuel , qui dans ce moment croyoit s'intéresser véritablement pour cette Princesse , la suivit , & à la faveur de l'obscurité il se glissa dans son cabinet pendant qu'on la mettoit au lit. Elle renvoya ses femmes & donna-ordre qu'on la laissât tranquille ; dom Manuel qui entendit cet ordre du cabinet qui joignoit la chambre, ouvrit la porte en tremblant, & ne voyant que Dona Clara avec elle , il s'approcha doucement de son lit. A sa vue la Duchesse fut si troublée qu'elle retomba dans une seconde foiblesse, dont tous les soins de Dona Clara eurent peine à la tirer. Dom Manuel au pied du lit étoit dans une douleur qui sembloit lui ôter tout sentiment. La Duchesse revint peu-à-peu ; & jettant un regard sur lui : Ah ! dom Manuel, lui dit-elle d'une voix foible , quelle surprise vous m'avez causée, j'en ai pensé mourir; mais le temps est précieux ; vous partez, peut-être ce moment est-il unique, je veux en profiter. Alors reprenant un peu de force, mes sentimens, continua-t-elle , vous sont trop connus pour que je dissimule avec vous; leur violence fait mon excuse,

& lorfqu'une femme de mon rang s'expofe
à un aveu de cette efpece, le goût qui l'en-
traîne eft invincible : oui, dom Manuel,
je vous aime, mon cœur, embrafé d'une
paffion vive, n'a pu contraindre fes effets;
je cede à un penchant auquel je ne puis
ni ne veux réfifter. Puis s'arrêtant tout
court, que dois-je augurer de votre filence,
ajouta-t-elle ? feriez-vous infenfible à tant
d'ardeur ? Ah ! Madame, s'écria dom Manuel, que ce doute eft affreux pour moi;
vos bontés feules agiroient fur mon ame,
fi votre beauté ne les avoit prévenues.
Pourroit-on réfifter aux graces touchantes
répandues fur toute votre perfonne ? Sûre
de vaincre tous les cœurs, vous n'avez
qu'à paroître, mon timide refpect jufqu'à
cette heure a retenu ma langue ; mais,
Madame, il n'arrêtoit pas les fentimens
de mon cœur, qui vous eft dévoué pour
toujours. Difpofez donc de moi, ma belle
Princeffe, vos chaînes font trop glorieufes
pour les rompre jamais.

Ce difcours qui flattoit la Ducheffe,
rendit à fes yeux tout leur éclat ; de ma-
niere que dom Manuel qui dans ce moment la trouvoit charmante, crut fentir ce

qu'il exprimoit ſi bien ; il lui proteſta mille fois que rien ne ſeroit capable d'affoiblir ſes ſentimens. Hélas! il ne perſuada que trop cette Amante paſſionnée, qui, profitant de cet inſtant favorable pour s'oppoſer à ſon départ, employa tous ſes charmes pour le ſéduire ; mais dom Manuel en lui prouvant la néceſſité de ſon voyage aux Indes, lui fit voir tant de douleur de s'éloigner d'elle, que la Ducheſſe, convaincue que le devoir ſeul l'arrachoit à ſon amour, chercha alors à ſeconder ſon courage ; & ceſſant de s'affliger, elle ne s'occupa plus que du plaiſir de le revoir.

Charmée de ſa conquête elle ſe livra à toute la paſſion qu'elle ſentoit pour lui. Dom Manuel, lui diſoit-elle tendrement, vous comblez mes vœux en me donnant votre cœur. Quelle félicité eſt comparable à la mienne ? je ſuis aimée de ce que j'adore! Peut-on jouir d'un bonheur plus doux ? Mais, dom Manuel, reprenoit-elle, ſerez-vous fidele autant qu'aimable ? Ah, ciel ! ſi je vous voyois parjure, à quelles extrémités ne porterois-je pas mon déſeſpoir ? L'Univers en frémiroit. Mais hélas ! pourquoi m'occuper d'objets ſi cruels, je ne dois penſer qu'à mon heureux deſtin qui paſſe mes eſpérances. En achevant ces mots elle approcha ſa main de dom Manuel, qui, proſterné auprès de ſon lit, lui exprimoit par les paroles les plus tendres, l'excès de ſon amour ; & voyant la main de la Ducheſſe ſi près de lui, il la ſaiſiſſoit lorſqu'un grand bruit de chevaux dans la premiere cour du palais annonça le duc d'Aveiro. Inſtruit chez le Roi de l'incommodité de ſa femme, il venoit ſçavoir de ſes nouvelles. Dom Manuel n'eut que le temps de rentrer dans le cabinet dont il n'oſa ſortir.

Un moment après le Duc parut dans la chambre de la Ducheſſe ; il lui trouva les yeux ſi brillans, qu'il ne put s'empêcher de lui en faire compliment. Votre maladie n'étoit pas conſidérable, lui dit-il, Madame ; vous êtes ſi belle que je ceſſe d'être inquiet ſur votre état ; j'y prends beaucoup de part ; cependant ſi je vous avois ſçue auſſi-bien, je ſerois reſté chez le Roi, qui m'a fait l'honneur de m'inviter à ſouper avec lui : je n'y ai point de regret, je vous jure, & ſi vous voulez bien me ſouffrir, ajouta-t-il galamment,

je me ferai un grand plaisir de vous tenir
compagnie ce soir. La Duchesse peu accoutumée aux attentions de son mari, fut aussi
surprise qu'allarmée d'une faveur si rare,
& si cruelle dans les circonstances; elle eut
besoin de toute la dissimulation de son
esprit, pour répondre à ce compliment
d'une façon convenable.

Dona Clara fut fort contente de l'arrivée du Duc, elle étoit au désespoir d'avoir
favorisé une conversation déjà poussée trop
loin; mais son amitié pour la Duchesse la
fit frémir sur le sort de dom Manuel; elle
entra adroitement dans le cabinet pour lui
donner avis de ce qui se passoit, & prendre les clefs des portes; puis d'un air naturel, elle revint dans la chambre de la
Duchesse, & soupa au chevet de son lit
avec le Duc, qui par un caprice incom-
préhensible voulut passer la nuit dans l'appartement de sa femme.

A cette nouvelle la Duchesse pensa laisser éclater tout son embarras; elle imagina
cent expédiens pour se tirer de la peine
où elle étoit; mais n'en jugeant aucun pra-
ticable, il fallut céder aux loix que son
devoir lui imposoit.

Dès que le Duc & la Duchesse furent retirés, Dona Clara ne songea qu'à faire sortir secrétement dom Manuel. Les momens cruels qu'il venoit de passer dans le cabinet, lui avoient rendu assez la raison pour réfléchir sur une aventure qui pouvoit avoir des suites si funestes; trop peu touché par le cœur pour courir d'aussi grands risques, il ne pouvoit se pardonner de s'y être exposé; mais lorsque plus tranquille chez lui, il repassa ce qui venoit de lui arriver, il reconnut que le goût du plaisir l'avoit entraîné bien plus que les sentimens du cœur, il se fit des reproches amers d'abuser ainsi de la folle ardeur d'une jeune Princesse, séduite par un amour insensé.

Mais ce n'étoit pas le seul point critique dans cette affaire, il venoit de s'engager avec elle, il l'avoit conduite presque jusqu'au bord du précipice; un engagement pris sous de tels auspices, exigeoit de grands ménagemens avec une femme du rang & du caractere de la Duchesse; plus elle s'étoit livrée à son amour, & plus son désespoir étoit à craindre, si elle appercevoit de la froideur dans son Amant; elle lui avoit découvert son ame avec tant de franchise , qu'il ne pouvoit douter des extrémités où elle se porteroit, au moindre soupçon de négligence. Frappé par une réflexion si juste , il ne vouloit plus s'exposer à ses transports ; mais comme il lui devoit de la reconnoissance , il se déterminoit à lui rendre des soins jusqu'à son départ , en gardant adroitement des ménagemens convenables à leur situation , lorsqu'il apprit que la Duchesse étoit si grièvement malade , que l'on craignoit déja les suites de son mal.

Cette Princesse avoit éprouvé tant de fortes d'agitations dans la même journée , qu'une heure après qu'elle fut seule avec son mari, il lui avoit pris un frisson suivi d'une fievre si violente , qu'elle fut jugée dès-lors dans un fort grand danger.

Dom Manuel prit une part généreuse à cet événement qui pourtant le tiroit d'embarras. Le prompt départ de la flotte fut encore un obstacle favorable pour terminer cette singuliere aventure. Dom Alphonse de Mendoce ne laissoit plus un moment de liberté à dom Manuel , & bientôt par leurs soins on se trouva en état de mettre à la voile.

voile. Le jour en fut fixé par le Roi, &
tous les Officiers s'y préparerent avec beaucoup de joie.

Tandis que tout étoit en mouvement,
la malheureuse Duchesse d'Aveiro se désespéroit dans son palais : hors d'espoir de
revoir dom Manuel, tant que son mari,
qui ne la quittoit point, demeureroit auprès
d'elle, elle auroit voulu cacher son mal
pour avoir sa liberté ; mais plus elle étoit
contrainte, & plus sa fievre augmentoit,
par le tourment qu'elle donnoit à son
esprit. Dona Clara, toujours au chevet de
son lit, cherchoit à la consoler ; la Duchesse lui confioit ses peines. Hélas ! ce
foible soulagement ne lui suffisoit pas ; elle
ne pouvoit sans frémir penser au départ
de dom Manuel. Il va partir, disoit-elle
à Dona Clara : les soins de sa gloire vont
seuls occuper son ame ; peut-être m'a-t-il
déja oubliée : que dis-je, ô ciel ! n'ai-je
à craindre que cette rivale ? Dom Manuel
doit-être aimé de tout ce qui respire. Ah !
ma chere Clara, s'il devenoit infidele......
Mais quels affreux soupçons s'offrent à mon
esprit, ajouta-t-elle ; j'en tremble de crainte, la fille de dom Louis m'enlevera mon

C

Amant : sa beauté est, dit-on, incomparable ; oui, c'en est fait, je suis trahie par l'amour & l'amitié. Dona Clara employoit vainement tous ses soins pour calmer l'agitation de la Duchesse, baignée de pleurs elle ne vouloit rien entendre.

Après s'être tourmentée avec tant d'efforts, cette Princesse demeura dans un morne silence ; puis reprenant la parole : Dona Clara, dit elle, je ne sçais qu'un moyen pour diminuer mon trouble : dom Manuel part, & je dois renoncer à lui dire un triste adieu ; mais je veux lire dans son cœur ; il faut mettre dans mes intérêts ceux qui possedent sa confiance, je veux sçavoir s'il sera fidele. Ce projet n'est pas facile, reprit Dona Clara étonnée ; d'ailleurs ne seroit-ce pas une espece de trahison indigne d'une grande Princesse ? N'importe, reprit la Duchesse, je ne puis perdre cette idée, & j'exige de votre amitié ce service essentiel. Dona Clara, obligée de se rendre, jetta les yeux sur dom Ramire, persuadée que se conduisant par des principes d'honneur, ce projet deviendroit moins hasardeux. La Duchesse saisit avec avidité l'idée de Dona Clara, qui eut ordre de l'introduire chez elle.

Dom Ramire étoit Espagnol, né dans une condition obscure, & peu favorisé des biens de la fortune ; il s'étoit attaché à dom Manuel plutôt par intérêt, que par inclination. Il l'avoit suivi à Lisbonne, & comptoit l'accompagner encore dans son voyage des Indes. Dom Ramire avoit de l'agrément dans l'esprit & plaisoit infiniment à dom Manuel, qui le regardoit comme son ami & comme son confident.

La commission dont il fut chargé par Dona Clara ne lui parut point difficile ; il crut même alors faire sa cour à dom Manuel qui lui avoit confié l'intrigue de la Duchesse, & qui dans l'impossibilité de se présenter lui-même chez elle, l'envoyoit souvent sçavoir de ses nouvelles.

Cette Princesse peu contente encore, voulut voir elle-même dom Ramire ; elle le combla de caresses, & lui insinua adroitement que s'il vouloit s'attacher à elle, elle prendroit soin de sa fortune ; les avances d'une grande Princesse ébranlerent un cœur dont la fidélité n'étoit pas à l'épreuve des richesses. Il se livra peu-à-peu, s'engagea enfin par les sermens les plus forts à découvrir les plus secretes pensées de dom Manuel ; bientôt même oubliant ce qu'il devoit à son bienfaiteur, il le suivit aux Indes ; déterminé à le trahir, si les intérêts de la Duchesse l'exigeoient. Charmée d'être parvenue à son but, la Duchesse ne s'en tint pas aux promesses, elle fit de grands présens à dom Ramire ; mais elle les accompagna des plus terribles menaces, s'il ne l'éclairoit pas sur la conduite de dom Manuel avec le zele & toute la discrétion qu'elle exigeoit, & s'il parloit jamais des marques de sa libéralité.

Un nouvel événement donna des soins nouveaux à dom Manuel. Le Commandant du premier vaisseau de guerre ayant été tué malheureusement dans une épreuve de canon, le Roi qui avoit vu des preuves de l'intelligence & des talens de dom Manuel, ne balança pas, malgré son extrême jeunesse, à lui donner cet emploi. Dom Manuel reçut cette grace avec tant de modestie, en représentant lui même son peu d'expérience, qu'il arrêta l'envie des autres prétendans qui n'oserent se plaindre.

Dom Joseph de Ménésès auroit eu sans

doute la préférence fur fon coufin ; mais le Roi, à la priere de dom Alexis fon gouverneur, lui avoit déja donné le commandement en fecond de toute la flotte, fous le Général Mendoce. Dom Jofeph avoit fait la guerre avec grande diftinction ; mais il n'avoit pas encore commandé. A fon départ il reçut avec beaucoup de refpect les fages confeils que lui donna fon pere ; après avoir embraffé tendrement fon fils, dom Alexis lui donna des Lettres pour le Vice-roi avec ordre de les lui remettre lui-même, & ajouta, *que je ferois content, mon fils, fi la fille de dom Louis, dont la beauté & la fageffe font tant de bruit, touchoit affez votre cœur pour vous faire defirer fon alliance.* En difant ces paroles, dom Alexis fortit pour ne pas obliger fon fils à lui répondre.

Cependant dom Ramire étoit chez la Ducheffe pour la derniere fois, il s'y étoit rendu de la part de dom Manuel, qui, de l'aveu même de la Ducheffe, évitoit de la voir dans la fituation où elle fe trouvoit ; mais malgré une fievre ardente qui ne la quittoit point, elle fit approcher dom Ramire de fon lit, & après s'être

encore affurée de fa fidélité par de nouveaux fermens, elle lui parla de dom Manuel avec tant de tendreffe & d'émotion,
que Dona allarmée, fit figne à dom Ramire
de la quitter pour ne la pas faire mourir de
douleur.

Dès la nuit même, la flotte mit à la voile au bruit de tous les inftrumens de guerre, qui retentiffoient au loin fur le rivage.
L'allégreffe qui régnoit dans les vaiffeaux
préfageoit un fuccès certain ; le vent étoit
favorable, la flotte parut bientôt à la
hauteur de la fortereffe de Benafterim,
qu'Idalcan, Roi de Vifapour, affiégeoit.

Ce Prince barbare, au défefpoir des rapi-
des conquêtes des Portugais, s'étoit fecréte-
ment ligué depuis cinq ans avec Nifama-
luc Roi de Cambaye, & le Zamorin ou
Empereur de Calicut, qui n'étoient pas
moins allarmés que lui. Ces trois Princes
comptoient fi bien fur la réuffite de leur
entreprife, que pour éviter toute difcuf-
fion entr'eux, ils fe partagerent d'avance
la dépouille de leurs ennemis. Idalcan eut
pour fon partage l'Ifle de Goa & toutes
fes dépendances, avec les Villes d'Onor
& de Bracalor, dernieres conquêtes des

Portugais. Déja toutes les dispositions de ce Prince étoient faites, il s'étoit chargé d'attaquer la ville de Goa; & pour animer ses Capitaines, il leur promit, parole de Roi, de leur livrer les plus belles femmes Portugaises qui seroient dans cette Ville.

Lorsque le Vice-roi fut informé du Traité passé entre ces Princes, il éprouva cette crainte prudente, qui loin d'abattre & de décourager les hommes véritablement grands, donne plus de force à leur génie; il assembla un conseil extraordinaire afin de délibérer sur les circonstances présentes. Les avis furent extrêmement partagés. La plupart des personnes qui composoient cette assemblée, ne consultoient que leurs intérêts particuliers; plusieurs assuroient qu'il falloit tout abandonner pour ne songer qu'à la conservation de Goa, qui devoit être regardée comme la capitale des Indes; quelques-uns combattoient cette opinion, & s'intéressoient à celle de Chaul, & de quelques autres places qu'ils indiquoient.

Le Vice-roi ayant écouté les divers avis, se leva & dit: « Et moi, compagnons & » amis, je veux conserver tout. Par-tout je

» veux opposer une égale résistance à nos
» ennemis ; tant que je respirerai, je ne
» permettrai point qu'ils remportent le plus
» léger avantage sur nous, au moins sans
» l'avoir chérement acheté ». Après avoir
prononcé ce discours avec une noble assu-
rance, il renvoya tout le monde, bien
affermi dans le sentiment de ne rien abandonner.

Pour suivre son plan le Vice-roi demeura dans l'enceinte de la Ville, où nuit &
jour il s'occupoit de ce qui pouvoit con-
tribuer à sa défense. Instruit de ce qui se
passoit au-dedans & au-dehors, par la diligence de dom Jean de Sousa qui se portoit
partout, rien n'étoit négligé. Il distribua ses
meilleurs Capitaines dans tous les postes
de conséquence. François Mascaregnas alla
au secours de la Ville de Chaul. Dom Fer-
nand de Castro eut la garde de l'importante
forteresse de Benasterim, qui couvroit la
Ville de Goa en-deçà de la riviere.

Pour observer les mouvemens des ennemis, & garder en même temps les côtes de
l'Isle, le Vice-roi donna le commandement de vingt-cinq vaisseaux à dom George
de Ménésès, pere de dom Manuel. On ne

pouvoit confier cet emploi à un Capitaine qui fût plus digne de le remplir. Ménésès par ses divers succès, s'étoit rendu respectable aux Portugais, & redoutable à leurs ennemis.

Toutes choses étant ainsi réglées, ceux qui habitoient le continent virent descendre de la montagne de Gatto, trente mille hommes sous les ordres de Norican, Général d'Idalcan. Il s'avança à la tête de ses troupes vers la forteresse de Benasterim, où il établit ses quartiers. Bientôt après Idalcan parut lui-même, suivi d'une armée formidable. Elle étoit composée de cent mille hommes d'Infanterie, la Cavalerie montoit à trente-cinq mille chevaux & à plus de deux mille éléphans, & l'artillerie à trois cent cinquante pieces de canon.

A la vue d'une armée si prodigieuse, le Vice-roi renforça tous les postes de la riviere, augmenta la flotte de dom George de Ménésès, doubla toutes les gardes, & mit par-tout tant d'ordre, que l'on pouvoit facilement s'entresecourir sans embarras, & sans confusion.

Les premiers efforts de l'armée d'Idalcan tomberent sur la forteresse de Benasterim, séparée de la Ville de Goa par la riviére. L'artillerie de ce Prince, par un feu continuel, embrasoit l'air, & le bruit du canon répandoit la terreur dans tous les pays circonvoisins. Les vaisseaux des Portugais y répondoient par un feu égal, & causoient des ravages affreux dans les quartiers qui bordoient la riviere. Cependant le canon des ennemis faisoit des breches considérables à la forteresse ; mais pendant la nuit les Portugais les réparoient avec une diligence si incroyable, que les Barbares qui en étoient au désespoir, ne pouvoient s'empêcher de les admirer.

Ce fut sur ces entrefaites que la flotte de dom Mendoce entra à pleine voile dans le port de Goa. L'avantage qu'il venoit de remporter, y causoit une allégresse dont les cris retentissoient bien au loin. Il avoit rencontré la flotte des Confédérés qui alloit à Chaul pour assiéger cette ville ; Mendoce l'avoit attaquée & contrainte à fuir honteusement, après avoir coulé à fond plusieurs de leurs vaisseaux.

Dans cette rencontre presque tous les Officiers Portugais s'étoient distingués. Dom Joseph y avoit fait des prodiges ; mais dom

Manuel y acquit une gloire immortelle par la mort du Général ennemi, qu'il tua de fa propre main après avoir abordé fon vaiffeau ; & malgré une vigoureufe défenfe, il tailla en pieces tout ce qui étoit dans ce bâtiment, s'en rendit le maître & le conduifit en triomphe jufqu'à Goa.

Dom George de Ménésès qui étoit à l'entrée du port, n'eut pas plutôt découvert les vaiffeaux de Mendoce, qu'il fe hâta de le joindre avec toute fa flotte. La joie de revoir fes compatriotes fut grande de part & d'autre ; mais lorfque dom George apperçut fon fils, qu'il n'avoit vu qu'enfant, & qu'il eut été inftruit de fes exploits, le contentement de fon cœur ne fe put exprimer. Il verfa des larmes de tendreffe en le tenant ferré entre fes bras. Le refpect de dom Manuel pour fon pere le porta d'abord à embraffer fes genoux ; dom George le releva, & ne pouvoit fe laffer de confidérer l'air noble de fon fils, & cet agrément qui charmoit tous ceux qui le voyoient.

Le Vice-roi informé de l'arrivée du fecours, pour faire plus d'honneur à Mendoce, & aux Officiers de diftinction qui l'accompagnoient, se rendit lui-même sur le port, & donna ordre à leur débarquement, qui se fit avec toute sorte de commodités. En entrant dans la ville, ils admirerent avec quelle splendeur dom Louis vivoit à Goa : la magnificence de son palais surpassoit celui du Roi à Lisbonne, ils en furent surpris ; mais tout s'effaça aux yeux des deux jeunes Ménésès, lorsqu'ils apperçurent la fille de dom Louis. Dom Joseph l'avoit vue à l'âge de treize ans, dom Manuel ne l'avoit jamais vue ; cependant ils se trouverent au même point. La beauté & la taille de Dona Gratia étoient si fort augmentées, que dom Joseph ne l'auroit pas reconnue.

La jeune Ataïde étoit admirable par la régularité de ses traits & par l'éclat prodigieux de son teint. Elle réunissoit dans sa figure, tout ce que les Poëtes donnent de graces à Vénus ; on auroit pu lui en attribuer les images, si la noble modestie qui régnoit sur son visage n'y eût mis de la différence. Sa taille haute & déliée, & sa démarche libre & aisée enchantoient les regards ; le caractere de son esprit étoit d'une douceur charmante, & sa conversa-

tion enlevoit tous les cœurs, par l'agrément & la solidité de ses discours. Enfin
rien n'étoit si beau que la figure de Dona
Gratia, & rien n'approchoit des charmes
de son esprit.

Dom Joseph céda à tant d'attraits, ils
triompherent de son insensibilité naturelle;
mais le cœur de dom Manuel s'embrasa
d'abord d'une flamme si vive, qu'il n'eut
pas le temps de se reconnoître. Enchanté
de l'extrême douceur de la jeune Ataïde,
il trouva en elle cet objet qui seul pouvoit
captiver son cœur; alors les transports de
la Duchesse se retraçant à son idée, révol-
terent son ame, & acheverent le triomphe de Dona Gratia. C'est ainsi que les
deux cousins devinrent rivaux sans le sçavoir dès le jour même de leur arrivée à
Goa.

Ils furent reçus par la Vice-reine avec
une politesse infinie, & admis chez elle
dans tous les momens où elle étoit visible;
sa charmante fille qui ne la quittoit point,
se trouvoit exposée sans cesse aux yeux de
ses Amans; mais n'inspirant pas moins de
respect que d'amour, elle ignora pour lors
leurs soupirs, qui furent long-temps

retenus par la crainte de lui déplaire.

Bientôt les soins de la guerre occupe-
rent tous leurs momens. Le siege conti-
nuoit toujours avec fureur, chaque jour,
chaque nuit enfantoit quelqu'action d'éclat.
Les ennemis, à qui le nombre servoit de
courage, ne se lassoient point de se présenter aux breches pour en être repoussés;
ils perdoient un monde considérable, sans
qu'il en coûtât presqu'un seul homme aux
Portugais. L'immense artillerie des Barbares, qui auroit dû tout renverser, ne pro-
duisoit que de médiocres effets, parce
qu'elle étoit mal dirigée & mal servie. A
la moindre blessure que leurs meilleurs
soldats recevoient, ils s'enfuyoient dans
leurs tentes en poussant des cris & des gémissemens, qui rebutoient & décourageoient
les autres. Les Portugais au contraire,
accablés de fatigue, couverts de sang & de
blessures, combattoient jusqu'au dernier
soupir.

Dom George de Ménésès & ceux qui
étoient sur sa flotte, ne se comportoient
pas avec moins de valeur. Ils descendoient
sans cesse à terre; ils pénétroient dans les
quartiers les plus reculés des ennemis; ils

y portoient l'épouvante & la confusion, tous éprouvoient la mort ou étoient emmenés prisonniers. Dom George alla faire une course jusque dans les terres d'Idalcan ; il ravagea les campagnes, brûla les forêts, & renversa de fond en comble plusieurs villages.

Piqués d'émulation à la vue des actions de ce grand homme, dom Manuel, son fils, & dom Joseph de Ménésès résolurent de se distinguer aussi par quelqu'action éclatante ; ils choisirent cent trente soldats, & tomberent sur les quartiers de Cogercan & d'Henermaluço, gendre d'Idalcan. Ces deux Généraux Barbares, malgré les efforts qu'ils leur opposerent, virent leurs soldats massacrés ou mis honteusement en fuite, leurs tentes, & toutes leurs richesses passer entre les mains des Portugais, qui, couverts de gloire & de butin, se retirerent à la vue de tout le camp ennemi, avec tant d'ordre, que les Barbares eux-mêmes en demeurerent remplis d'admiration.

Dans ces circonstances, le Zamorin fatigué d'une guerre cruelle, ou dans l'espoir flatteur d'en tirer un meilleur parti,

fit propofer au Vice-roi de faire fecréte-
ment la paix; mais Ataïde fit bientôt éva-
nouir fes efpérances en rejettant fiérement
cette indigne propofition. A mefure qu'il
fe déclaroit quelqu'ennemi nouveau, le
Vice-roi fe prêtoit moins aux accomode-
mens, & devenoit plus ferme & plus in-
flexible.

Dans ce même temps la Reine de Guar-
copa, pour complaire à Idalcan, fe révol-
ta, & tenta de chaffer les Portugais de
la ville d'Onor. Sur le champ le Vice-roi
envoya des troupes pour défendre cette
place. Les deux jeunes Ménésès avides de
gloire, briguerent cet emploi; ils conduí-
firent le fecours, & délivrerent la ville
après avoir taillé en pieces les troupes de
cette Reine perfide & imprudente. La conduite du Vice-roi étonna Idalcan, qui comprit par-là, combien les Portugais le mé-
prifoient, & combien ils étoient éloignés de
fe rendre. Il commença à défefpérer de fon
entreprife, il y avoit déja plus de trois mois
qu'il étoit devant Goa, & il n'avoit pas remporté le moindre avantange.

La guerre fembloit occuper uniquement
les deux jeunes Ménésès, mais l'amour
les

les tourmentoit en secret. Dom Manuel, plus vif que son cousin, en ressentoit les atteintes avec plus de violence ; plus il voyoit Dona Gratia, & plus sa passion pour elle prenoit de force. Depuis trois mois qu'il étoit à Goa, il passoit auprès d'elle tous les momens dont il pouvoit disposer sans intéresser sa gloire ; ses regards pleins de feu auroient pu découvrir le secret de son cœur ; plusieurs fois ils avoient embarrassé Dona Gratia, & lui avoient fait détourner les yeux ; mais il n'avoit pu juger de leur effet sur elle. Cette belle personne marquoit une indifférence si universelle, & sa politesse étoit si égale pour tous ceux qu'elle voyoit, que dom Manuel n'étoit pas plus avancé que le premier jour.

Mais avec un extérieur indifférent, le cœur de cette aimable personne n'étoit rien moins que tranquille. Dom Manuel avoit fait sur elle une impression qui la tourmentoit cruellement : frappée de sa figure dès qu'elle l'envisagea, elle lui donna l'avantage sur tout ce qu'elle avoit vu jusqu'alors ; si jeune encore, & trop peu instruite de ce qui s'appelle amour, elle ne sçut démêler d'abord ce qui se passoit dans son

D

ame. Quelquefois s'entretenant avec Olympe , une de ses femmes à qui elle avoit donné sa confiance , elle lui parloit des jeunes Seigneurs nouvellement arrivés de Lisbonne. Elle accordoit une estime singuliere à dom Joseph , qui en effet éloigné de son cousin, eût trouvé peu de Cavaliers dignes de lui être comparés ; mais lorsqu'elle parloit de dom Manuel , son cœur étoit si content qu'elle eût préféré cette matiere à toute autre ; elle demeura dans cet état d'ignorance jusqu'au départ des deux Ménésès, pour aller secourir la ville d'Onor : alors elle sentit une sorte de chagrin qu'elle n'avoit point encore éprouvé. *Pourquoi , dit-elle à Olympe , suis-je occupée de l'absence des deux Ménésès ? il me semble que leur départ me menace de quelque malheur.* Mais, Madame, reprit Olympe , *je crois que dom Joseph est seul chargé de cette expédition ; dom Manuel ne part point.......* Dom Manuel ne part point , interrompit vivement Dona Gratia ; Olympe, cela est-il bien vrai ? Dans ce moment une joie douce se répandit dans son ame , qui, comme une brillante lumiere, l'éclaira tout - à - coup sur les sentimens qu'elle avoit pour dom Manuel. Occupée de cette idée, elle tomba dans une rêverie si profonde, qu'elle fut du temps sans parler. Olympe s'en étonna ; mais elle n'osa l'interrompre.

Après quelques momens de silence, *grands Dieux ! s'écria tout-à-coup Dona Gratia, quelle affreuse découverte ! . . . . . . Ah ! que je suis infortunée ! ... Dom Manuel ne part point, & ma tristesse s'évanouit ! ... O Dieu ! aimerois-je dom Manuel ? Est-ce donc ainsi que l'amour surprend un cœur ? Secours-moi, ma chere Olympe, mon trouble ne se peut exprimer.*

Olympe qui, sur les louanges que sa Maîtresse donnoit si volontiers à dom Manuel, avoit déja soupçonné son cœur, avoua que ce qu'elle sentoit pour lui, ressembloit à une passion peut-être déja trop forte, pour se flatter de la détruire ; *cependant,* lui dit-elle, *Madame, ce mal n'est pas sans ressource, puisque dom Manuel peut prétendre à votre main ; mais si le Vice-roi avoit d'autres vues, vous seriez bien à plaindre ; un goût qui auroit déja pris trop de crédit sur votre cœur, vous paroîtroit difficile à surmonter. Travaillez donc à le vaincre dès aujourd'hui ; avec une résolution bien dé-*

terminée , vous deviendrez peut-être maî-
treſſe de vos ſentimens. Oui , ma chere
Olympe , reprit Dona Gratia en ſoupirant,
je conviens de la ſageſſe de tes conſeils :
oui , j'y ferai tous mes efforts ; mais s'ils
ſont vains , que de malheurs n'ai-je pas à
craindre ? Dona Gratia n'en put dire davantage ; dans ce moment la Vice-reine la
vint prendre pour aller à la promenade ,
où elle ſe rendoit tous les jours ſuivie d'une
brillante Cour.

La jeune Ataïde confuſe & alarmée de
la ſituation de ſon ame , fut bientôt miſe
à une ſeconde épreuve, qui ne lui permit
plus de douter de ſes ſentimens pour dom
Manuel. La Vice-reine ſe promenoit ſur
une grande terraſſe qui dominoit ſur le
port , & d'où l'on découvroit aiſément
l'entrée & la ſortie des vaiſſeaux. Sur un
avis qu'elle venoit de recevoir , elle s'y
étoit rendue de meilleure heure qu'à l'ordinaire , pour être témoin de l'embarquement des troupes deſtinées pour la ville
d'Onor. Le vent étant favorable , on vit
bientôt paroître dom Joſeph & dom Manuel. Ils preſſoient à l'envi le départ de la
flotte, qui mit à la voile une heure après.

A l'aspect de dom Manuel qui s'embarquoit, Dona Gratia fut sur le point de laisser éclater son extrême surprise ; la violence de sa douleur lui en ôta la force. L'engagement de son cœur, dont elle ne pouvoit plus douter, lui paroissant le plus grand des maux, elle déploroit son triste sort. Toute passion révoltoit son ame ; des sentimens tendres à son gré offensoient sa gloire ; enfin elle étoit dans un état digne de compassion. Que de reproches ne fit-elle point à Olympe, d'avoir causé son trouble par une nouvelle fausse & indiscrete. *Peut-être en évitant de me nommer dom Manuel, serois-je encore, lui disoit-elle, dans l'incertitude de mes sentimens : ah ! je racheterois de ma propre vie l'ignorance dont tu m'as tirée.*

Les deux Ménésès revinrent de l'expédition d'Onor couverts de lauriers. Ils se signaloient tous les jours par leur extrême valeur ; mais une occasion qui s'offrit d'elle-même, permit enfin à dom Manuel l'aveu de son amour, & jetta Dona Gratia dans le plus grand embarras où elle se fût jamais trouvée.

Dom Louis venoit de remporter un

avantage considérable sur les troupes d'Idalcan ; dom Manuel s'y étoit si fort distingué, que le Vice-roi, charmé de son courage, le choisit pour en porter la nouvelle
à la Vice-reine & à sa fille. Dona Léonore
éloignée de dom Louis, entra dans son
cabinet pour écrire à son mari, & laissa
sa fille seule avec dom Manuel. Cette occasion parut si favorable à ce jeune Amant,
que voulant en profiter, il s'approcha de
Dona Gratia, & de l'air le plus touchant,
il lui dit : *Ah! pourquoi faut-il, Madame,*
qu'au milieu de la joie commune, je me
trouve forcé de desirer la mort?... Ah! dom
Manuel, que voulez-vous dire, interrompit vivement Dona Gratia? ... *Oui, Mada-*
me, je la desire, reprit-il, *pour expier un*
crime que vous ne me pardonnerez jamais.
Eh! quoi, dit-elle étonnée, *m'auriez-vous*
offensée. Hélas! je ne suis que trop coupa-
ble, reprit dom Manuel ; *vos attraits dignes*
de toucher les plus grands Rois, m'ont inspiré
une passion que je ne puis vous taire ; con-
damnez, Madame, un malheureux téméraire
qui ne mérite que la mort.

Dona Gratia, surprise au dernier point
d'une déclaration si peu attendue, n'eut

pas la force de l'arrêter ; cependant elle ne fit paroître aucun trouble en l'écoutant ; & reprenant la parole avec une froideur extrême : *Dom Manuel , lui dit-elle, je devrois vous marquer toute la colere que m'inspire une pareille offense ; mais je vous la ferai mieux sentir , en vous abandonnant aux reproches que vous vous devez à vous-même.* En achevant ces mots elle alla joindre la Vice-reine dans son cabinet , & laissa dom Manuel dans une situation impossible à exprimer. Il étoit encore dans tout son trouble , lorsque la Vice-reine rentra ; sa présence ne le diminua point , dom Manuel prit le billet respectueusement , & se retira sans pouvoir dire un seul mot.

Dès qu'il fut hors du Palais, la confusion où il étoit se fit sentir avec une telle violence , qu'il pensa mourir de douleur. *Qu'ai-je fait , dit-il ? quelle est l'horreur de ma situation ? par ma témérité je me suis attiré la haine de Dona Gratia : ah ! ciel , est-il bien possible que j'aie hasardé de lui déplaire ? Charmante Dona Gratia , je vous perds pour jamais , par un indiscret aveu qui a dû sans doute vous outrager.*

Est-ce ainsi, s'écrioit-il dans son transport, *que l'on en useroit avec une immortelle ? Vous en avez les attraits : ne vous doit-on pas les mêmes respects ? Je l'ai violé ce respect*, votre extrême froideur ne m'assure que trop de vos mépris. Exhalant ainsi son désespoir, il poursuivoit son chemin, & se trouva bientôt au quartier du Vice-roi.

Malgré son trouble il fallut se présenter devant lui ; mais après lui avoir remis le billet de la Vice-reine, il se retiroit, lorsqu'il rencontra dom George de Ménésès son pere, qui étoit descendu à terre pour se rendre au Conseil. *Qu'avez-vous, mon fils*, lui dit dom George effrayé du changement de son visage ? Dom Manuel trop saisi ne lui répondit que par des soupirs, & malgré les embrassemens de son pere, il fut long-temps sans proférer une parole. Enfin à force de caresses & d'instances, dom George gagna la confiance de son fils, qui s'écria tout transporté : *Ah ! mon pere, regardez-moi comme le plus infortuné de tous les hommes, j'ai offensé Dona Gratia ; je ne suis plus digne de vivre.* La sur-surprise de dom George augmentoit à chaque instant ; & pressant son fils de s'expliquer : *J'adore Dona Gratia , reprit* cet Amant malheureux ; *mais d'une adoration si respectueuse, que je n'ai jamais cru l'offen-ser. Depuis trois mois j'ai forcé mon amour au silence , un moment fatal m'a perdu. J'ai parlé, mon pere , j'ai fait un témé-raire aveu : Dona Gratia , sans daigner s'irriter contre moi , m'a accablé d'un mé-pris qui me donnera la mort. Eh bien !* reprit dom George un peu ému, *votre passion tiendra-t-elle contre des mépris. Ah ! mon pere !* continua dom Manuel, *elle n'en est que plus vive ; Dona Gratia ne peut être injuste ; il falloit des années en-tieres pour mériter un regard de ses beaux yeux , mon amour m'a aveuglé, je ne dois me plaindre que de mon audace. Mais mon fils ,* repliqua dom George , *la fille de dom Louis n'a pû s'offenser que d'un aveu peu ménagé ; vous pouvez prétendre à l'alliance d'Ataïde , & je ne refuserai point de lui en parler. Hélas ! mon pere, vous combleriez mes vœux,* reprit dom Manuel enchanté ; *mais que dis-je , poursuivit-il triftement ; Dona Gratia s'y opposeroit, je l'ai trop outragée pour qu'elle se rendît à mes vœux , quand même son pere me se-*

roit favorable. Calmez-vous, mon cher fils, interrompit dom George, je prendrai mon temps pour parler au Vice-roi : voyez sa fille comme à l'ordinaire, marquez lui une soumission pleine de respect, je ne puis croire qu'elle s'oppose aux volontés de son pere : je vais joindre le Vice-roi, pour des affaires importantes, ajouta-t-il, vôtre bonne conduite dont il paroît si content, agira pour vous autant que mes soins.

Dom Manuel reprit un peu d'espérance, il fit réflexion que la froideur de Dona Gratia pouvoit être l'effet de l'empire qu'elle avoit sur elle même. Il n'avoit point vu de colere dans ses yeux, leur douceur n'avoit pas même été altérée ; il se reprocha l'excès de sa vivacité, dont elle avoit dû être extrêmement surprise ; mais il se flatta que son profond respect dans la suite, adouciroit cette belle personne.

Dona Gratia encore effrayée de sa conversation avec dom Manuel, s'étoit aussi-tôt retirée dans son appartement, pour essayer de calmer l'agitation de son ame. En effet, lorsque dom Manuel, seul avec elle, lui fit l'aveu de sa passion, les mouvemens confus qu'elle ressentit, penserent

la trahir. Son courage cependant ne l'abandonna pas ; mais elle ne trouva de reſſource
que dans la fuite. Elle fit à Olympe le
récit de cette dangereuſe converſation, &
lui dépeignit l'état de ſon cœur, d'une façon ſi tendre & ſi touchante, qu'Olympe
fondoit en larmes avec elle. *Quel parti dois-je*
prendre, diſoit cette vertueuſe fille ? *Me*
verrai-je ſans ceſſe expoſée au péril inévita-
ble de lui laiſſer voir ma défaite ? Fuyons
Olympe ; mais, reprenoit-elle un moment
après, *ſuis-je maîtreſſe de mon ſort ? Mes*
pas attachés à ceux de ma mere, me con-
duiſent dans un précipice que je ne puis
éviter. Elle étoit trop occupée de ſa douleur pour penſer alors à celle de ſon
Amant ; mais cette idée vint enfin la ſur-
prendre ; ſon tendre cœur qui ſe révoltoit
malgré ſes ſoins, lui retraça la rigueur
dont elle l'avoit accablé. *Que ſon ſort eſt*
cruel ! diſoit-elle à Olympe, *ſi ſon amour*
eſt ſincere ; non, il ne tiendra pas contre
des mépris ; trop généreux pour n'en être
pas bleſſé, il me hait ſans doute..... Que
dis-je ! où me laiſſé-je emporter ? reprenoit-elle : *trop heureuſe ! ſi ce ſoupçon étoit*
juſte : ah ! c'en eſt fait, il faut tout ſa-

crifier à ma gloire. Ne songeons plus, Olympe, *qu'à lui dérober la connoissance d'une
foiblesse, que je dois sans cesse me reprocher.*

Dom Joseph de Ménésès occupoit moins
Dona Gratia; mais la fortune prenoit soin
de ses intérêts. Tandis que dom Manuel se
désespéroit, dom Joseph eut une conversation
avec le Vice-roi, qui prépara à son rival
une source de chagrins presqu'inépuisable.
Dom Joseph à son arrivée dans les Indes,
avoit remis au Vice-roi des lettres de dom
Alexis son pere, qui, à son insçu, contenoient les avances les plus pressantes, touchant son mariage avec Dona Gratia; mais
don Alexis en parlant à dom Louis comme à son ami, lui faisoit entendre que
si son fils n'offroit pas à Dona Gratia, un
cœur rempli de tout l'amour qu'elle méritoit, il cesseroit de desirer son alliance.
Dom Louis n'avoit pas moins de délicatesse sur cet article; mais d'ailleurs charmé
d'un établissement aussi flatteur pour son
ambition, que pour son goût, il avoit
examiné dom Joseph à loisir; & jugeant
alors que la beauté de Dona Gratia
avoit fait une assez forte impression sur
son cœur, il s'ouvrit à lui sur une

affaire qu'il defiroit avec tant d'ardeur.

Dom Joſeph qui depuis long-temps brûloit du defir de ſe déclarer , fut enchanté
d'être prévenu par le Vice-roi ; il lui marqua tant d'amour pour ſa fille , & une joie ſi
ſincere de pouvoir prétendre à la poſſéder ,
que le Vice-roi, dès le moment, prit la ré-
ſolution de lui accorder la préférence ſur
tout autre ; & lui en donna même ſa parole : *Mais* , ajouta-t-il , *les circonſtances
où nous ſommes ne me permettent pas de
ſonger encore à cette affaire ; ne la com-
muniquez à perſonne , je veux même que
la Vice-reine & ma fille n'en ſoient inſtrui-
tes qu'après la levée du ſiege.* Dom Joſeph
ſe ſoumit reſpectueuſement aux ordres du
Vice-roi , & plein des eſpérances les plus
flatteuſes , il redoubla d'aſſiduités auprès
de ſa belle maîtreſſe , qui le recevoit avec
les graces qui l'accompagnoient toujours ,
mais ſans lui donner aucune marque de
diſtinction.

Cependant Idalcan tenoit la ville de
Goa étroitement aſſiégée ; il étoit déſeſpéré
du peu de ſuccès de ſes attaques ; l'orgueil
& la confiance qu'il avoit montrés en com-
mençant la guerre , s'étoient changés en

crainte & en lâcheté. Il réfléchissoit sans cesse sur les pertes immenses qu'il essuyoit chaque jour de la part d'une poignée de Portugais ; il se représentoit avec fureur les ravages affreux que les peuples avoient éprouvés dans l'expédition de dom George à Visapour ; toutes ces images le décourageoient, lui inspiroient un desir violent de demander la paix ; d'un autre côté, il étoit retenu par une mauvaise honte, qui le rendoit timide & irrésolu.

Le Vice-roi exactement informé de tous les mouvemens qui l'agitoient, résolut d'en profiter : plus habile que ce Roi barbare, & brûlant du desir de terminer la guerre, il parut plus que jamais affermi dans le dessein de la continuer, persuadé que par ce moyen il imposeroit la loi au lieu de la recevoir.

Au milieu des soins & des embarras d'un siege aussi important, dom Louis faisoit travailler à l'équipement des vaisseaux qui devoient partir cette année pour le Portugal. Les principaux Officiers & les habitans de Goa lui représenterent que pour cette année, il paroissoit nécessaire de différer le départ de ces vaisſeaux, à cauſe du monde qu'il falloit pour les conduire, & dont il étoit dangereux de ſe priver dans les conjonctures préſentes. *Nous ſuffirons pour vaincre nos ennemis, répondit Ataïde ; l'Etat a beſoin, il faut que les vaiſſeaux partent.* Cette réponſe étonna, & les vaiſſeaux partirent.

Dom Louis ſe ſervit de cette occaſion, pour apprendre à dom Alexis les diſpoſitions de dom Joſeph à l'égard de Dona Gratia. Il l'aſſura en même temps, que dès qu'il ſeroit débarraſſé des ſoins importans dont il étoit occupé, ce qui ne tarderoit pas ſelon les apparences, ainſi qu'il le mandoit au Roi, il ſongeroit à conclure un mariage, qui le dédommageoit ſi agréablement des peines de la guerre ; qu'il ne déclareroit ſes intentions à ſa fille, qu'après la fin du ſiege, dont la conſéquence ne permettoit pas de ſe livrer à d'autres idées ; mais qu'il ne doutoit pas de ſon obéiſſance, & même de ſa joie, pour un établiſſement ſi convenable. Hélas ! que dom Louis, en parlant ainſi, connoiſſoit peu les ſentimens de ſon aimable fille.

Dom George de Ménéſès, obligé de remonter ſur ſes vaiſſeaux en ſortant du Conseil, s'étoit trouvé dans l'impuissance d'acquitter la parole qu'il avoit donnée à dom Manuel son fils. Il s'agissoit d'une expédition d'une si grande importance qu'il n'avoit osé parler au Vice-roi d'aucune autre affaire : il se rembarqua en quittant dom Louis, sans rejoindre dom Manuel, qui s'étoit retiré pour prendre un peu de repos. Dom Ramire qui attendoit dom Manuel chez lui, fut alarmé de l'air sombre qu'il remarqua sur son visage ; il lui fit voir tant d'inquiétude, que dom Manuel, pressé lui-même de lui en découvrir la cause, ne put résister à ses instances. Il lui confia l'état de son ame, & le désespoir où il étoit réduit par les mépris de Dona Gratia. La passion de dom Manuel parut trop vive à dom Ramire, & sincérement attaché à la Duchesse d'Aveiro, il voulut tenter de lui en rappeller le souvenir, en lui représentant la crüelle infidélité dont cette Princesse pouvoit l'accuser, elle qui ne vivoit que pour lui. Dom Manuel l'écouta avec beaucoup de froideur, & comme un homme occupé au-dedans de lui - même ; puis le regardant avec surprise, il lui dit, *quelles idées*

dom

dom Ramire rappellez-vous à mon cœur? Plein de l'image de *Dona Gratia*, penſez-vous qu'il puiſſe s'occuper de la Ducheſſe? J'offenſerois, ajouta-t-il, *la fille de dom Louis*, ſi ſes traits me laiſſoient le moindre ſouvenir d'un feu paſſager, que mon cœur déſavoue. Qu'entends-je! reprit dom Ramire; oublierez-vous une Princeſſe qui vous aime avec tant d'ardeur, & qui vous en a donné les preuves les plus touchantes? N'en parlons plus, *dom Ramire*, repliqua dom Manuel, *mon excuſe eſt dans les beaux yeux de Dona Gratia : regardez cette admirable perſonne, & vous conviendrez que ſes graces naïves & ſa douceur, doivent l'emporter ſur les attraits d'une Princeſſe, qui n'a pour elle que ſa beauté.*

Dom Ramire, au déſeſpoir d'un changement qui ruinoit ſa fortune, ne balança pas long-temps ſur le parti qu'il devoit prendre. Vendu, livré à la Ducheſſe par un vil intérêt, il ſe détermina à ſacrifier dom Manuel; ſans honte & ſans remords, il inſtruiſit la Ducheſſe de ce qui ſe paſſoit dans le cœur de ſon Amant; & pour mieux faire ſa cour, il lui rendit mot à mot la converſation de dom Manuel. Il ne

E

négligea pas de faire valoir ses soins. *J'ai tout tenté,* disoit il à cette Princesse, *pour prévenir le mortel chagrin que je vous cause. Effrayé même d'une si noire ingratitude, & ne pouvant la soutenir, je voulois me retirer; mais pour vous mieux servir,* ajoutoit-il, *il faut, je crois, me maintenir dans la confidence où je suis, pour connoître les progrès d'une passion si injuste, & en instruire votre Altesse.*

L'occasion n'étoit que trop favorable pour faire passer ces fatales nouvelles à Lisbonne ; elles furent envoyées par les vaisseaux qui partoient pour s'y rendre.

Dom Ramire perfide envers dom Manuel, n'étoit pas sincere avec la Duchesse. Il craignoit mortellement de déplaire à dom Manuel : sans ressources dans un pays aussi éloigné, la Duchesse ne l'auroit pas sauvé du courroux de dom Manuel, si ses lâches desseins eussent été connus. Pour éviter jusqu'au moindre soupçon, après quelques plaintes légeres sur le fort de la Duchesse, il cessa d'en parler ; & flattant avec bassesse la passion de dom Manuel, il s'étudia à diminuer son chagrin, en lui présentant des motifs d'espérance.

Dom Manuel trouvoit quelques dou-
ceurs à confier ses peines ; & comptant
sans réserve sur dom Ramire, il ne le soupçonna jamais d'une noire perfidie ; il continua d'ouvrir son cœur à ce traître, qui
ne sçut que trop en abuser.

Ce malheureux Amant souffroit une
peine extrême de l'absence de dom George ; il craignoit mortellement d'être prévenu par dom Joseph, qui depuis un
temps ne quittoit plus le Vice-roi ; il le
traitoit avec une distinction, qui désespéroit dom Manuel, & qui fit frémir d'effroi
Dona Gratia ; il y avoit des momens où
son cœur reprochoit à dom Manuel, de
ne pas s'expliquer avec son pere. *Peut-être,*
disoit-elle à Olympe, *le Vice-roi charmé
de son courage, écouteroit-il une proposition qui feroit tout mon bonheur ; il aime
& estime dom George de Ménésès au-dessus de tout autre ; pourquoi s'opposeroit-il
à la recherche de son fils? Mais, Olympe,
ma passion m'aveugle, dom Joseph aura
la préférence, les grands emplois & le
crédit de son pere flatteront le Vice-roi ;
peut-être, hélas! lui suis-je déja promise.
Ah! ma chere Olympe, que j'aurai besoin*

de forces pour effacer une image trop chere à mon cœur, & que tous mes soins n'ont pu détruire. Que dis-je ? ajouta-t-elle effrayée de sa foiblesse; oui, j'attends ce grand effort de mon courage, ma gloire triomphera sans doute de mon amour, & les ordres de mon pere fixeront mes vœux...... j'en mourrai.... Olympe, reprenoit-elle tendrement, n'importe, je satisferai à mon devoir, & ma mort ensevelira pour jamais des sentimens indignes de moi.

Dom George de Ménésès arriva le lendemain du départ des vaisseaux pour Lisbonne; son fils brûlant de sçavoir son sort, le pressa d'agir en sa faveur. Dom George pour satisfaire un fils qu'il aimoit passionnément, se rendit chez le Vice-roi, & d'un air noble & assuré, il lui expliqua le sujet de sa visite. Quelle fut sa surprise, en voyant une tristesse mortelle couvrir le visage de dom Louis. *Ah! mon cher dom George,* lui dit le Vice-roi, *que je suis à plaindre, je me vois forcé au refus d'une alliance si flatteuse pour moi. J'ai pour vous une tendre amitié & l'estime la plus parfaite; j'admire tous les jours les qualités brillantes de votre fils; mais j'ai pris des engagemens si forts, que je ne puis les rompre. Jugez - en vous-même.* Il se leva à ces mots, & fit voir à Ménésès les Lettres qu'il avoit reçues de dom Alexis, & la copie de celle qui venoit de partir par les vaisseaux. Dom George au désespoir d'avoir flatté son fils d'une vaine espérance, ne peut cependant s'opposer à des engagemens de cette nature, ni se plaindre du Vice-roi, qui lui faisoit paroître une douleur si obligeante. Il se rendit de bonne grace, & raisonna même avec Ataïde, sur les moyens d'annoncer à dom Manuel une si cruelle réponse; ils convinrent pour lors de dissimuler, & dom George alla rejoindre son fils.

Le Vice-roi m'a bien reçu, mon fils, lui dit-il, *j'ai lieu d'être content; mais il m'a fait entendre qu'il ne pouvoit songer à l'établissement de sa fille, qu'après la fin de la guerre. Il m'a paru flatté de notre alliance; cependant au milieu de mille caresses, il m'a conjuré de le laisser tout entier aux soins d'un siege qui demande toute son attention ; je n'ai pas cru devoir insister,* ajouta dom George, *& il me paroît convenable de ne le pas presser dans les cir-*

constances où il se trouve. Dom Manuel remercia son père de toutes ses bontés; mais trop éclairé pour prendre le change, il dissimula à son tour, pour se donner le temps d'examiner dom Joseph, & de découvrir si l'amour entroit dans ce mystere.

Il fût bientôt éclairci sur ce point; il observa dom Joseph auprès de Dona Gratia; il surprit ses regards, il entendit ses soupirs, & s'étonna lui-même d'avoir tant tardé à soupçonner son rival. Cette découverte, jointe aux égards du Vice-roi pour dom Joseph, l'assura de son malheur, & le plongea dans un mortel chagrin.

L'union qui régnoit entre les deux cousins, avoit déja souffert quelqu'atteinte; l'émulation de la gloire avoit produit ce changement dans leur façon de penser; mais l'amour détruisit entiérement l'amitié. La jalousie s'en mêla, & le désespoir d'être sacrifié à dom Joseph, excita dans l'ame de dom Manuel une haine si forte contre son rival, qu'elle leur causa à tous deux dans la suite, les chagrins les plus cuisans.

Si dom Manuel ressentoit un chagrin vif en découvrant un rival, il avoit une

inquiétude encore plus vive des sentimens
de Dona Gratia. Malgré une attention infinie sur les actions de cette belle fille,
rien ne lui prouvoit de l'intelligence entre
elle & dom Joseph. Ses regards étoient
également doux pour tout le monde; lui-
même, sans s'appercevoir qu'elle eût conservé de la colere contre lui, il éprouvoit de
sa part autant de politesses que son rival.
Une conduite si mesurée le rassuroit dans
des momens; mais il en passoit d'autres
où la jalousie l'accabloit de toutes ses fureurs.

Dom Manuel confia pour lors à son
pere les idées cruelles dont il étoit tourmenté; il lui exprima si fortement son désespoir, que dom George alarmé de la
violence de sa douleur, & craignant qu'il
ne se portât à quelqu'extrémité contre dom
Joseph, ne négligea rien pour calmer ses
transports. Il le consola avec tendresse, &
lui représenta avec beaucoup de douceur,
qu'il serviroit lui-même son rival, si par
un éclat hors de propos, il s'exposoit à
la colere d'Ataïde. Enfin il employa jusqu'à son autorité, pour contenir un jeune
courage qui ne respiroit que l'occasion de

perdre un rival qu'il croyoit heureux.

Un nouvel événement qui survint dans ces circonstances, fit diversion aux peines de l'amour. Trois mille Barbares se jettèrent inopinément dans une petite Isle voisine de Goa. Antoine Fernandès de Chal fut chargé de les en aller chasser avec cinq cens hommes seulement, parmi lesquels étoient dom Joseph & dom Manuel. En descendant dans l'Isle, dom Manuel s'attacha à un Maure d'une taille énorme, dont la valeur, la force & le courage étoient en grande réputation parmi les siens. Dom Manuel l'abattit : une victoire si glorieuse pour lui, commença le combat. Bientôt après, devenant général, il s'échauffa ; le carnage fut horrible, & les Barbares enfin furent mis en fuite. Ce succès fut suivi de plusieurs autres. Les Portugais d'ailleurs firent différentes courses : par-tout ils éprouvèrent la fortune également favorable.

Tant de pertes ne faisoient qu'augmenter le désespoir d'Idalcan. Ce Prince conçut enfin le dessein de porter tout le fort de la guerre dans l'isle de Goa même, & d'y passer en personne, dans des barques qu'il avoit fait venir avec des peines incroyables ; pour cela, il fit battre la caiſſe royale autour de ſa tente : ce ſignal apprenoit à ſes ſoldats qu'il marchoit lui-même. Le Vice-roi ne s'attendoit point à cette attaque , il en fut étonné ; mais ſans laiſſer paroître aucune altération ſur ſon viſage , avec une préſence d'eſprit admirable , il diſpoſa toutes choſes pour repouſſer l'ennemi. Après avoir prévu tous les accidens qui pouvoient arriver , il ſe rendit ſur le bord de la riviere qui ſépare l'Iſle du continent. En y arrivant, il trouva les ennemis paſſer au nombre de cinq mille. Soliman Aga , Capitaine des Gardes d'Idalcan les commandoit. Le Vice-roi vint l'attaquer avec moins de deux mille hommes. Le combat alors devint furieux de tous côtés ; ſur mer, ſur terre, on n'entendoit que le bruit du canon & de la mouſqueterie ; une épaiſſe fumée obſcurciſſoit l'air , & déroboit à la vue une partie de ce qui ſe paſſoit ſur terre : perſonne ne reculoit & ne ſongeoit à reculer ; la fureur, la rage, & le déſeſpoir régnoient dans les deux partis, & dans les deux on bravoit également le péril & la mort.

Le même ſpectacle ſe préſentoit ſur l'eau ;

les gémissemens, les cris des blessés & des mourans, se mêlant au bruit des armes & du canon, redoubloient la terreur & la confusion. Tout ce que peut la valeur, éclairée par la prudence, guidée par le courage, & soutenue par l'adresse & par l'industrie, fut déployé de la part des Portugais ; & tout ce que la rage, l'opiniâtreté, l'acharnement inspirent de terrible aux hommes, les Barbares l'éprouverent, & le firent éclater. Les Portugais avec un succès incroyable, jettoient sur eux des feux d'artifice qui, s'attachant aux habits, faisoient souffrir une mort affreuse à ceux qui en étoient atteints. Quelques-uns, pour se garantir, se précipitoient dans la mer pour l'éteindre ; & voulant éviter la mort, ils la trouvoient dans le remede qu'ils cherchoient. Presque tous se noyerent, ou furent assommés par les Portugais qui étoient sur les vaisseaux. Ce terrible combat dura depuis le matin jusqu'au soir.

Le lendemain de nouveaux ennemis recommencerent avec la même furie, & le même succès accompagna les Portugais. Idalcan voyant ses troupes encore battues & repoussées, entra en fureur, prononça des blasphêmes horribles contre Mahomet, jetta par terre son turban ; & poussant des cris effroyables, il maudit le ciel, la terre, les hommes & tout ce qui respiroit.

Les Portugais au contraire bénissoient le ciel de la victoire qu'ils venoient de remporter ; la joie régnoit de toutes parts, on s'embrassoit, on se félicitoit les larmes aux yeux, on élevoit le courage & la prudence du Vice-roi jusqu'aux nues, & l'on s'encourageoit l'un l'autre à tenter de nouveaux efforts, pour obliger les Barbares à s'enfuir loin de Goa.

Rien n'égaloit la douleur profonde que cette perte causa au superbe Roi de Visapour ; cependant honteux des excès où son désespoir l'avoit jetté, il rappella un reste de courage, & s'efforça de cacher sa tristesse, pour ne pas décourager entiérement le reste de son armée. Enfin, il se détermina à faire demander la paix au Vice-roi, à condition qu'on lui céderoit Goa. Le Vice-roi rejetta cette condition avec mépris ; la guerre continua, & toujours à l'avantage des Portugais. Les jeunes Seigneurs arrivés nouvellement de Lisbonne, se portoient par-tout avec une valeur incroyable, sur-tout dom Manuel, qui, animé par son désespoir autant que par sa bravoure naturelle, se précipitoit dans les endroits les plus périlleux, avec un courage qui étonnoit les plus vieux Capitaines.

Cependant les environs de Goa étoient presque tout détruits par le canon des ennemis, & les terres d'Idalcan fumoient tous les jours par quelques nouveaux incendies; les Portugais ne se lassoient point de les ravager. A l'égard du Vice-roi, chaque jour il s'exposoit aux plus grands périls, plusieurs fois frappé des balles des ennemis, on le voyoit froid & intrépide. Mais à la force des armes, Ataïde joignoit toujours la force de la politique; les Portugais dûrent la conservation de Goa, autant à sa prudence, qu'à sa valeur. Par le canal des correspondances qu'il entretenoit dans le camp ennemi, il sémoit sans cesse la division parmi les Chefs de l'armée, & la terreur parmi les soldats. Ils se défioient les uns des autres, & par cette défiance, tout se faisoit lentement & mollement. Envain Idalcan travailloit pour établir plus d'intelligence parmi ses Généraux, & plus de confiance parmi ses soldats; son génie subordonné à celui d'Ataïde, ne tentoit que de vains efforts.

Enfin, après dix mois de siege, ce Prince voyant ses tentes ruinées, ses troupes diminuées de moitié, ses éléphans presque tous tués, & sa cavalerie hors d'état de poursuivre la guerre, prit le parti de lever le siege, & de se retirer, la honte & le désespoir dans le cœur. Tel fut l'événement du siege de Goa par Idalcan, Roi de Visapour. Celui de Chaul, entrepris par Nisamaluc, Roi de Cambaye, ne fut pas plus heureux; & le Zamorin Empereur de Calicut se vit forcé peu après par dom George de céder aux armes victorieuses des Portugais.

Le Vice-roi, comblé de gloire par la ruine d'une ligue aussi formidable, dépêcha une Caravelle à Lisbonne, pour informer le Roi d'un succès si intéressant pour la Nation. Il n'oublia pas l'éloge des Officiers qui s'y étoient distingués avec tant de courage. Il nomma en particulier dom Manuel, dont la valeur lui avoit paru au-dessus de toutes les louanges. Enfin, il combla de joie dom Alexis de Ménésès, par le récit des actions glorieuses de dom

Joseph, & par les assurances qu'il lui donna que dans peu il termineroit son mariage avec sa fille.

En effet, dom Louis débarrassé des premiers soins qu'exigeoit une révolution de cette nature, se fit un plaisir de joindre la célébration du mariage de sa fille, aux fêtes qui devoient accompagner la publication de la paix. Il déclara son choix à Dona Gratia. *Dom Joseph vous aime*, lui dit-il, *ma fille, son mérite vous est connu; je ne doute pas que vous ne soyez très-contente d'une alliance qui, de toute façon, doit faire votre bonheur.* Pendant le discours du Vice-roi, Dona Gratia faisoit tous ses efforts pour cacher le trouble de son ame. Hélas! que son sort lui parut affreux; mais trop soumise aux ordres de son pere pour lui résister, & plus courageuse qu'elle n'eût osé l'espérer, elle assura dom Louis qu'il devoit compter sur son obéissance, & que son choix détermineroit sans doute l'inclination de son cœur.

Le Vice-roi content de sa soumission la quitta heureusement pour elle. L'effort qu'elle avoit obtenu d'elle-même, déchiroit son cœur, & l'agitation de son esprit demandoit de la solitude. *C'en est donc fait*, disoit elle, *je serai à dom Joseph ; mon devoir exige le sacrifice de tout ce qui m'attache à la vie. Ah ! dom Manuel, je dois vous oublier pour jamais. Que dis-je ? je le dois ; mais puis-je me promettre cet effort. Depuis long-temps j'y travaille en vain. Hélas ! une image gravée avec des traits si charmans ne s'efface que par la mort. Que je suis infortunée ! j'aime.... peut-être suis-je aimée ; oui, il n'en faut point douter, dom Manuel ne s'est que trop bien expliqué. Ah ! trop fatal aveu, combien de fois votre souvenir a flatté mon cœur, lorsqu'il vouloit s'irriter contre votre hardiesse. Souvenir enchanteur, que vous me causerez de tourmens.*

Attendrie sur sa destinée, elle s'affligeoit avec excès, lorsqu'Olympe entra dans sa chambre, & lui présenta un billet qui portoit pour adresse, *à la fidele Olympe.* Dona Gratia étonnée le prit avec empressement, & y lut ce peu de mots. " Je me " meurs, Olympe, le choix du Vice-roi " vient de me condamner à la mort. Je " n'ose exprimer mon désespoir à Dona " Gratia ; vous seule pouvez l'instruire des

>> tourmens effroyables d'un malheureux
>> qu'elle a accablé de ses mépris, & qui
>> va renoncer à la vie, puisque Dona Gra-
>> tia est destinée pour un autre >>.

Qui pourroit se dépeindre le trouble &
la surprise où se trouva la jeune Ataïde
en lisant ce billet? Frappée d'indignation,
elle fut long-temps sans pouvoir s'exprimer. *Qu'avez-vous fait, Olympe, lui dit-
elle enfin? deviez-vous m'instruire d'une
pareille audace; dom Manuel veut donc me
perdre. Quelles mesures dois-je prendre
contre sa témérité? Mais mon cœur avoit
besoin de ce nouvel outrage, ce sont des
armes pour ma défense. Olympe, que dom
Manuel & tout l'univers ignorent que je
suis informée de sa hardiesse. Il faut sans
balancer détruire un penchant que je désavoue, & que je veux surmonter quoi qu'il
m'en coûte.*

Cependant dom Manuel donnoit les plus
vives inquiétudes à dom George. Prévenu
avec attention par le Vice-roi, avant la
déclaration du mariage, il s'étoit chargé
d'apprendre lui-même à son fils, cette funeste nouvelle. Malgré ces tendres soins,
dom Manuel entra dans des transports qui
pénétrerent

pénétrerent dom George d'une douleur mortelle. Ce jeune & malheureux Amant, oublia alors toute douceur naturelle, & les careſſes de ſon pere ne firent d'abord aucun effet ſur ſon déſeſpoir.

Dom George qui prévoyoit les ſuites fâcheuſes d'un chagrin qui paſſoit toutes bornes, ſe trouvoit lui-même dans une ſituation effroyable. Il tenta toute ſorte de moyens pour l'adoucir ; mais après avoir épuiſé toutes les reſſources, il ſe ſervit enfin de ſon autorité, & déclara à ſon fils qu'il alloit obtenir un ordre du Vice-roi, pour le renvoyer en Portugal. Cette idée fit trembler dom Manuel, il commença à ſe calmer, & peu-à-peu il écouta la voix de ſon pere, qui, en l'embraſſant tendrement, exigea, & obtint de lui une nouvelle promeſſe de ne rien entreprendre qui pût déplaire au Vice-roi.

Son rival cependant au comble de ſes eſpérances, exprimoit à Dona Gratia ſa joie & ſon amour, par toutes les démonſtrations dont il étoit capable. Son bonheur lui paroiſſoit ſi grand, qu'il ne ceſſoit d'en marquer ſa reconnoiſſance à dom Louis, qui s'occupoit alors avec plaiſir des préparatifs néceffaires pour donner tout l'éclat poffible à la cérémonie de leur mariage.

Les habitans de Goa, charmés de fe voir délivrés d'une guerre auffi cruelle, élevoient jufqu'au ciel la valeur & la prudence du Vice-roi, qui leur avoit rendu la paix, & la tranquillité. Ils n'épargnerent ni foins ni dépenfe, pour rendre plus auguftes les fêtes préparées pour ce grand jour. Ils imaginerent une joûte, à la façon des Maures, & demanderent au Vice-roi dom Jofeph & dom Manuel, pour en être les tenans. Chacun s'empreffa pour briller à ce fpectacle, qui fut fixé à la veille des nôces. Dom Jofeph qui aimoit cette forte d'exercice, s'y porta avec toute l'ardeur imaginable, & compta fur une victoire affurée fous les yeux de fa belle maîtreffe.

Dom Manuel inftruit du choix dont il venoit d'être honoré, n'en profita qu'après bien des réflexions qui l'en éloignoient ; enfin tout à-coup l'envie de difputer à fon coufin l'honneur qu'il prétendoit y acquérir, le détermina à paroître aux réjouiffances qu'il avoit réfolu d'éviter. Sur le foir, en

quittant dom George son pere, il s'étoit
retiré seul avec dom Ramire, accablé d'un
tel désespoir, qu'il crut y succomber en
peu de jours. Ce fut dans ces momens douloureux qu'il écrivit à Olympe, dans l'espérance de toucher assez Dona Gratia,
pour obtenir d'elle quelques larmes lorsqu'elle apprendroit la cause de sa mort.
Cette idée fut son unique consolation, jusqu'au moment qu'il sçut le projet du tournoi. Alors changeant de vues, il se trouva
assez de force pour donner ordre lui même
à l'exécution de ses desseins. Mais pendant
cet intervalle, il s'absenta de la Cour pour
éviter la rencontre de dom Joseph.

La malheureuse fille de dom Louis
voyoit avec une douleur extrême la joie
publique, pour une fête qui portoit à son
cœur une atteinte mortelle. Elle avoit trop
présumé de son courage : envain tenta-
t-elle de surmonter un penchant dont elle
n'étoit plus la maîtresse ; la violence qu'elle
se faisoit au-dehors pour paroître tranquille
& contente, jettoit une affreuse contrainte
dans son ame. Elle ne trouvoit plus dom
Manuel si coupable. La lettre qui lui avoit
donné tant de colere, n'étoit plus à son

gré que l'effet d'une paffion trop tendre &
trop malheureufe. Enfin dom Manuel ne
paroiffant plus à la Cour depuis la déclaration de fon mariage, elle craignoit fon
défefpoir; fon abfence la mettoit hors
d'elle-même. Tantôt elle le croyoit dange-
reufement malade, fans ofer s'en informer;
dans d'autres momens elle donnoit à fa
retraite, des motifs de difcrétion & de
refpect, dont elle lui fçavoit gré; & pour
augmenter fon tourment, elle ne voyoit
plus en dom Manuel que ce qui avoit fçu
lui plaire; & malgré fes réfolutions, elle
l'aimoit plus que jamais.

L'agitation de fon cœur ne parut point
au-dehors. Son vifage, toujours égal, ne
perdit rien de fa douceur; & fans fe livrer
à une joie que l'on ne pouvoit exiger de
fa modération naturelle, elle fçut dérober
fon chagrin & fon ennui. Dom Jofeph
eût defiré un peu plus de vivacité dans fes
fentimens, il hafarda de lui en faire quelques reproches; mais elle lui répondit avec
tant de fageffe & de raifon, qu'il n'ofa plus
fe plaindre.

Le jour du tournoi étant arrivé, dom
Manuel qui n'avoit rien négligé pour re-

hausser sa bonne mine, parut chez le Vice-
roi tout armé, à la réserve de la tête qui,
n'étant point couverte, laissoit voir ses
beaux cheveux qui flottoient sur son armu-
re. Dans cet équipage, il attira l'admiration de tout le monde. Dona Gratia le
trouva si beau, que cédant au penchant de
son cœur, elle fixa la vue sur lui avec
beaucoup d'attention. Dom Manuel qui ne
voyoit qu'elle alors, enchanté de rencontrer ses regards, plein de douleur, fit un
mouvement pour s'approcher d'elle qui la
fit rougir, & la jetta dans un trouble dont
elle ne fut plus la maîtresse. Dom Manuel
qui s'en apperçut s'arrêta; mais dans cette
aventure, il entrevit quelque chose de si
doux pour lui, qu'il oublia tous ses malheurs, & laissa voir sur son visage une joie
vive, qui pénétra la jeune Ataïde d'une douleur profonde.

Confuse de sa foiblesse, & désespérée du
triomphe de son Amant, elle s'avança
du côté de la Vice-reine qui s'entretenoit
avec dom Joseph; elle se joignit à leur
conversation, elle parla à dom Joseph
avec tant de politesse, & elle affecta pour
dom Manuel une si grande froideur, qu'elle

se flatta de détruire le motif de sa joie. Le grand nombre d'Officiers assemblés chez le Vice roi & confusément répandus, sauverent Dona Gratia. Heureuse encore dans son infortune, son trouble & son embarras ne furent point remarqués.

Bientôt après l'on se rendit dans la lice, où il s'agissoit de rompre trois lances en l'honneur de la Vice-reine & de sa charmante fille. Le Vice-roi, suivi des Dames extrêmement parées, se plaça sur un balcon dressé exprès, & superbement décoré. Dona Gratia toute brillante de pierreries, y parut plus belle que le jour. L'aventure qui venoit de lui arriver, avoit répandu sur son visage une couleur si éclatante, qu'elle ressembloit à une rose fraîchement épanouie. Combien d'Amans discrets soupirerent tout bas, & que dom Joseph s'estimoit heureux! Mais dom Manuel jouissoit d'une sorte de contentement, qui fortifia son courage & son adresse.

Dès que les Juges du camp furent placés, on ouvrit les barrieres & les Champions s'avancerent. Dom Joseph & dom Manuel qui étoient les deux tenans, présenterent des lances à tous ceux qui voulurent tenter la fortune. Plufieurs Cavaliers y acquirent de l'honneur, & difputerent la victoire avec courage, comme dom Blas de Sylva, dom Pedre d'Aquillar, & quelques autres, qui par leur adreffe donnerent beaucoup de plaifir à l'affemblée; mais le plus grand nombre ne put réfifter à la force des deux coufins, qui, féparement, renverferent tous ceux qui s'offrirent à leurs coups. Dom Manuel combla fes trophées, par la chûte de dom Sanche d'Avalos, le plus digne par fa valeur de fe mefurer avec lui. Trop redoutable par la force de fon bras, dom Manuel fit trembler les plus hardis; enfin, ne voyant plus d'adverfaire, il fortit du camp, tandis que dom Felix de Sampayos difputoit à dom Jofeph avec beaucoup d'acharnement, une victoire que fes hauts faits lui avoient fi bien méritée. Dom Jofeph l'emporta enfin, & déja les Juges du camp adjugeoient aux deux Ménéfès les prix de la victoire, lorfqu'on vit entrer dans la lice un Cavalier couvert d'armes blanches, dont la mine haute & relevée attira tous les regards.

Il s'approcha de dom Jofeph, & lui demanda avec beaucoup de politeffe l'honneur de rompre une lance avec lui. Dom. Joseph fier de ses premiers succès, reçut avec beaucoup de joie la proposition de l'inconnu. Il changea de cheval, & sans tarder ils prirent du champ, & partirent comme des éclairs. Les lances volerent d'abord en éclats ; mais dom Joseph fut heurté avec tant de force par l'inconnu, qu'il fut renversé sur la poussiere ; l'inconnu qui n'avoit pas même été ébranlé mit pied à terre, & s'approchant comme pour dégager son adversaire, il lui dit tout bas : Dom Joseph mon triomphe paroît éclatant, mais l'amour vous venge assez-bien, pour vous consoler dans votre disgrace. En achevant ces mots, il sauta sur son cheval, partit comme un trait, & franchissant la barriere, il se déroba aux yeux de l'assemblée qu'il laissa dans un étonnement inconcevable.

Le Vice-roi au désespoir d'un événement si imprévu, descendit de son balcon, & joignit avec empressement dom Joseph qui heureusement ne se trouva point blessé ; mais il étoit si étourdi de sa chûte, que l'on ne songea qu'à le conduire dans un appartement du palais.

Au milieu de ce tumulte, la fille de dom Louis éprouva de cruelles inquiétudes. A la ſuite de la Vice-reine, elle s'approcha de dom Joſeph d'un air extrêmement touché. Dom Joſeph en la regardant tendrement pouſſa un profond ſoupir, & lui dit à demi-bas : *Ah ! Madame, que vos attraits cauſent de douleur à mon ame, & qui pourroit comprendre le trouble de mon cœur ?* Dona Gratia interdite verſa quelques larmes, qui donnerent une ſorte de conſolation à dom Joſeph ; mais il ne pénétroit qu'imparfaitement les peines de cette malheureuſe perſonne.

Inſtruite d'un myſtere encore ignoré, Dona Gratia frémiſſoit en prévoyant la colere de ſon pere, ſi la vérité venoit un jour à ſa connoiſſance. L'amour ſeul avoit éclairé cette Amante déſolée. Occupée ſans relâche de dom Manuel, pendant toutes les courſes ſes yeux malgré elle l'avoient ſuivi ; elle s'étoit ſeule apperçue de ſon abſence ; & ſans prendre le change, elle n'avoit vu que dom Manuel dans le Cavalier aux armes blanches : tremblante & inquiete, la pâleur de ſon viſage l'auroit décélée, ſi elle eût été obſervée.

Dans ces triftes circonftances, la gloire de dom Manuel lui donna un mouvement de joie dont elle ne put fe défendre. Mais que cette joie fut courte & mêlée d'amertume, en confidérant l'état cruel où elle fe trouvoit. Sur le point de donner fa foi à dom Jofeph, elle regardoit avec horreur l'intérêt qu'elle prenoit à dom Manuel. Plus elle travailloit à le bannir de fon cœur, & plus fa paffion prenoit de force. D'ailleurs le difcours de dom Jofeph lui caufoit une crainte mortelle ; il pouvoit être dicté par la jaloufie ; peut-être dom Jofeph avoit des foupçons fur dom Manuel. Enfin, la gloire & l'amour fe trouvant intéreffés dans l'affront que dom Jofeph venoit de recevoir, elle fe défefpéroit en penfant aux dangereufes fuites de cette funefte aventure. Dans cet accablement de douleur, elle ne quitta point la Vice-reine; mais elle fe livra avec d'autant plus de liberté à fon chagrin, que le filence ne convenoit que trop à fa fituation préfente.

Dom Jofeph pénétré de rage & de douleur s'étoit mis au lit, & avoit demandé quelques momens de folitude pour réfléchir fur fon malheur. Le difcours de l'inconnu, qui ſans ceſſe occupoit ſon eſprit, lui découvroit un rival. Cette cruelle découverte le mettoit hors de lui-même; envain donnoit il la torture à ſon imagination pour deviner l'auteur de ſes maux. Dom Manuel s'offrit d'abord à ſon idée ; mais ignorant qu'il ſe fût abſenté de la lice, il ne pouvoit comprendre par quel enchantement il ſeroit métamorphoſé tout-à-coup ; après bien des recherches & un examen général, il ſe fixa ſur dom Manuel. La bonne mine & la force prodigieuſe de l'inconnu fortifierent encore cette opinion. Juſque là il avoit cru dom Manuel inſenſible aux charmes de Dona Gratia ; mais ſe rappellant ſa froideur pour lui, ſa retraite de la Cour depuis qu'il étoit queſtion de ſon mariage, & la puiſſance des attraits de la jeune Ataïde, il ne douta plus que dom Manuel ne fût éperdument amoureux; & que jaloux d'un bonheur qui ruinoit ſes eſpérances, il n'eût cherché à ſe dédommager par la gloire.

Sans s'arrêter aux circonſtances qu'il ne démêloit pas bien, il adopta cette opinion qui enfin détermina ſa vengeance: il ſonda avec rigueur la conduite de Dona Gratia ;

& ne trouvant aucunes raisons de l'accuser d'intelligence avec dom Manuel, pour qui elle ne montroit que de l'indifférence, il se persuada qu'elle ignoroit sa passion, & que selon toute apparence dom Manuel avoit manqué d'occasion pour se déclarer. Tranquille sur un point si délicat, il ranime son courage & redouble d'ardeur pour la conclusion de son mariage qui combleroit le désespoir de son rival. Plein de ces idées il se leva, & après s'être habillé avec beaucoup de magnificence, il se rendit chez la Vice-reine où toute la Cour étoit assemblée.

Dom Manuel y étoit, mais si éloigné de Dona Gratia, dont la profonde tristesse le désespéroit, que dom Joseph suivit aisément son projet. Après avoir fait la révérence aux Dames, il s'approcha insensiblement de son rival, & dans un moment où il crut n'être pas remarqué, il lui dit fort bas : *les triomphes de l'inconnu lui paroissent éclatans ; avec peu d'efforts on sçaura les obscurcir ; & en attendant l'amour prendra soin de nous venger.* Dom Manuel sentit toute l'amertume de ce discours ; mais sans paroître y donner aucune attention, il s'éloigna doucement, pour dérober à son rival l'avantage d'une telle démarche.

Fier de cette insulte, dom Joseph se rapprocha de Dona Gratia, & affecta tant de liberté dans l'esprit, que peu-à-peu la joie extérieure se ranima. L'on parla des réjouissances du lendemain jusqu'à l'arrivée du Vice-roi, qui parut peu de momens après. Charmé de voir dom Joseph plein de satisfaction, il le combla de caresses & de marques d'amitié. On s'occupa ensuite d'une excellente musique qui conduisit jusqu'au soupé. Dom Manuel d'un air tranquille ne se démentit point, il resta dans l'assemblée jusqu'au moment qu'elle se sépara, pour prendre un repos qu'il ne goûta guere.

Seul chez lui avec dom Ramire, il se livra à des transports qu'il avoit dissimulés avec tant de peine. Depuis l'insulte de dom Joseph, il rouloit dans sa tête mille projets divers pour s'opposer au bonheur de son rival. L'intérêt de son amour étoit déja un motif assez fort pour le faire agir; la haine, la vengeance l'animoient encore: il fut tenté d'abord de percer dom Joseph

en préfence du Vice roi, & fous les yeux
de fa maîtreſſe. Mais n'ayant pas abſolu-
ment abandonné la raiſon, il avoit ſenti
que ſes efforts ſeroient vains, & qu'il ſe
perdroit ſans fruit, ſi ſes reſſentimens
éclatóient chez la Vice-reine. Cependant il
étoit inſulté, & il ne reſpiroit qu'une
prompte & ſanglante réparation.

Sur le récit de ce qui s'étoit paſſé au
palais, dom Ramire pria dom Manuel
avec tant d'inſtance, de lui apprendre ce
qui y avoit donné lieu, que pour le ſatiſ-
faire, il lui dit avec bonté, qu'incertain
du ſuccès de ſon projet, il ne s'étoit confié
qu'à un de ſes gens qui lui avoit fait trouver dans une maſure voiſine du camp, un
cheval & des armes ; qu'à la faveur de la
réſiſtance opiniâtre de dom Felix de Sampayos, qui occupoit l'attention de toute
l'aſſemblée, il s'étoit dérobé un inſtant
pour aller ce couvrir de ſes nouvelles
armes, & reparoître au bout de la lice ;
que la fortune l'avoit ſi bien ſervi, qu'il
avoit eu le temps de dire deux mots à ſon
rival & de s'échapper, ſans être ni reconnu
ni ſuivi. Mais, ajouta-t-il avec fureur,
je n'en reſterai pas-là, je veux troubler

le bonheur d'un rival que je déteſte.

Dom Ramire, qui trahiſſoit dom Manuel pour ſervir la Ducheſſe d'Aveiro, jugea que pour les intérêts de cette Princeſſe, il ne falloit pas mettre obſtacle au mariage de dom Joſeph, dont la concluſion feroit perdre toute eſpérance à dom Manuel. Mais pour couvrir des vues auſſi perfides, dom Ramire avec chaleur entra d'abord dans les reſſentimens de dom Manuel, il convint qu'il devoit ſe venger, & pour le retenir avec adreſſe, il lui repréſenta que dans la ſituation où étoient les choſes, il ne pouvoit encore ſe ſatisfaire ; que dom Joſeph paſſant la nuit dans l'intérieur du palais, il feroit impoſſible de le joindre ; que pendant toute la journée du lendemain il feroit trop environné pour tenter aucun effort avec quelqu'apparence de ſuccès, & qu'ainſi l'intérêt de ſa vengeance demandoit un peu de délai ; qu'en frappant plus tard, il aſſuroit ſes coups. *Ah ! dom Ramire*, reprit dom Manuel, *il faut donc voir mon odieux rival, tranquille poſſeſſeur de tout ce que j'adore : ſerai-je aſſez maître de mes tranſports pour ne pas éclater ?* Oui, répliqua dom Ramire, *il faut vous contraindre & obtenir de vous cette victoire. Ne nous abusons point,* ajouta-t-il, *le Vice-roi doit être au fait de toute cette aventure ; il sçait vos vues sur sa fille ; la demande, que dom George en a faite pour vous, l'éclaire aujourd'hui ; il vous a reconnu sous vos nouvelles armes; & s'il feint encore avec vous, il est sans doute retenu par de puissantes considérations. Mais à la moindre inquiétude que vous feriez paroître, il prendroit des mesurer pour la sûreté de son gendre.*

Quoique dom Manuel sentît la force des raisons de dom Ramire, il eut peine à se rendre. Il regardoit Dona Gratia comme une victime sacrifiée aux volontés de son pere ; & se flattant que sans aucun goût pour son époux, la seule obéissance la conduiroit à l'autel, il croyoit lui rendre un service en la délivrant d'un joug, peut-être odieux, auquel elle se soumettoit pour toute sa vie. Cependant le peu d'apparence de succès avant la célébration du mariage, le fit résoudre à différer. *Mais,* dit-il à dom Ramire, *si j'obtiens de mon courroux ce retardement trop funeste à mon amour, je prétends servir ma*

vengeance

vengeance au premier moment favorable.
Dès le lendemain du mariage au point du
jour, il faut que mon rival soit sacrifié à
ma colere, ou que, tombant sous ses coups,
il me délivre d'une vie insupportable sans
Dona Gratia. Dom Ramire applaudit à
ces transports; mais il ajouta que pour assurer son entreprise, il devoit se montrer à
la cérémonie du mariage avec un air assez
tranquille, pour écarter tout soupçon sur
ses projets.

Dom Ramire pensoit juste, en persua-
dant à dom Manuel que le Vice-roi étoit
au fait de ses aventures. Dès le temps de la
demande de dom George, dom Louis avoit
senti toute la conséquence du refus où il
s'étoit vu forcé. D'ailleurs dom Manuel
n'avoit pas assez bien déguisé son dépit,
sur la préférence obtenue par son cousin,
pour détruire les alarmes du Vice-roi. Son
absence de la Cour, depuis le choix qu'il
avoit fait de dom Joseph, fortifioit encore
ses idées; le Vice-roi vit bien que l'amour
s'en mêloit, & qu'il agissoit de concert
avec la jalousie, dans un jeune cœur plein
de courage & de fierté; ainsi, à l'aspect du
Cavalier inconnu, il ne balança pas un

G

moment à soupçonner dom Manuel ; il en ressentit une vive colere ; mais pour éviter un éclat dangereux, il dissimula sur ce mystere. Il résolut de veiller avec soin sur la personne de dom Joseph, qu'il logea dans un appartement du palais. Par cet arrangement, à l'abri de toute entreprise téméraire, il reprit sa tranquillité & fut comblé de joie, en voyant l'air content de dom Joseph chez la Vice-reine. Il avoit craint d'être obligé de différer le mariage de sa fille, pour lequel il avoit d'autant plus d'impatience, qu'il se flattoit que dom Manuel, sans espoir du côté de l'amour, & si bien vengé par la gloire, prendroit des sentimens plus doux.

Dona Gratia retirée avec Olympe, profitoit alors des derniers momens où sans honte elle pouvoit déplorer son malheur. Prête à sacrifier sa liberté & son amour, elle frémissoit d'un engagement trop cruel à son cœur; pendant que son austere vertu & l'intérêt de sa gloire, lui faisoient un crime odieux d'un penchant involontaire, dont elle ne sentoit que les rigueurs. *Quel serment vais-je faire,* disoit-elle à Olympe ; *je m'engage à un époux que je ne* puis aimer, dans le temps que mon cœur est tout entier à dom Manuel. Suis-je deſtinée à devenir parjure? Nulle eſpérance d'éviter de ſi grands maux, je dois une ſoumiſſion aveugle à mon pere......... Olympe, reprenoit-elle, ſi je lui euſſe confié mes peines, peut-être que ce tendre pere ſenſible à mon tourment, eût écouté ſa tendreſſe pour moi, & n'auroit conſulté que l'envie de faire mon bonheur. Mais il n'eſt plus temps, je ſuis ſans eſpoir, & je ne dois plus chercher de reſſources que dans ma conſtance. Un torrent de larmes interrompit ſes plaintes, & la força à garder ſilence. Olympe, pénétrée de douleur, cherchoit envain à ſoulager des maux ſans remede. Ah! reprit cette malheureuſe Princeſſe, que n'ai-je pas à craindre des tranſports de dom Manuel. O mortelle douleur! il ſoupçonne ma foibleſſe; il ſçait que mon cœur ne peut être à mon époux, il en triomphera, ſa préſence à l'autel déconcertera toutes mes réſolutions, un ſeul de ſes regards confondra toute ma fermeté. Quel tourment, ô ciel! & que le trouble de mon ame eſt affreux!

L'agitation où elle étoit fit trembler

Olympe. Cependant soulagée par ses plaintes, peu-à-peu elle se calma, & par la force de son courage & par ses réflexions; elle se soumit enfin à la rigueur de son sort, & se promit de sauver au moins les apparences; plus tranquille en effet, elle se mit au lit, jusqu'au moment qu'il fallut la revêtir des vaines parures qui devoient orner son sacrifice.

Dans ce même palais, dom Joseph n'étoit plus occupé que d'idées agréables, son amour alloit être récompensé par un prix inestimable, qu'il enlevoit à un rival jaloux dont il combloit le désespoir. La vengeance qu'il méditoit l'occupoit; mais il pensoit qu'après avoir satisfait aux soins charmans qui devoient remplir un si beau jour, il trouveroit facilement le moyen de joindre dom Manuel, & de réparer l'outrage qu'il en avoit reçu. Plein de ces flatteuses idées, il vit paroître le jour, & avec empressement il passa chez le Vice-roi, en attendant que Dona Gratia fût en état de se laisser voir. Ataïde faisoit éclater une joie sans égale; il conduisit lui-même dom Joseph chez la Vice-reine, où leur aimable fille se rendit, parée de sa beauté bien plus encore, que des riches ornemens dont elle étoit couverte. Dom Joseph remarqua quelque langueur dans ses yeux, il en fut troublé d'abord ; mais il la trouva si belle qu'il oublia son inquiétude, pour ne songer qu'à son bonheur.

Tout étant disposé pour la fête, les fanfares, les trompettes & les instrumens de musique se firent entendre. Le bruit du canon des forts, & celui des vaisseaux, se joignirent au son des cloches de toute la ville. A ce signal le Vice-roi prit d'une main la Vice-reine & de l'autre sa charmante fille, & descendit avec elles dans la premiere cour du palais. Ils étoient accompagnés de tout ce qu'il y avoit de Dames & de Cavaliers de distinction dans Goa. Les troupes habillées de neuf, après avoir défilé devant le Vice-roi, ouvrirent la marche tambour battant. Un gros de Cavalerie les suivit, & précéda les Gardes du Vice-roi qui environnoient un char magnifique, dans lequel étoient montées la Vice-reine & sa fille. Les Dames de leur suite venoient après dans des calezhes galantes ; enfin l'élite de la Cour marchoit ensuite, ayant à sa tête, le Vice-roi monté sur cheval superbe, dom Joseph à son côté montroit un air si libre & si content, que ses tristes aventures de la veille sembloient effacées de sa mémoire.

Cette belle cavalcade trouva sur son passage une foule innombrable de peuple, qui s'y étoit rendu du continent. A chaque extrémité des rues, on avoit dressé des arcs de triomphe, dont les diverses emblêmes réunissoient Mars & l'Amour. Mille devises galantes célébroient la beauté, les graces de l'aimable Ataïde, & le bonheur de son époux. Mais, ce qu'il y eut de plus touchant pour le Vice-roi, ce furent les acclamations de ce peuple infini, dont les cris d'allégresse étoient poussés jusqu'aux cieux, en exhaltant la félicité dont il commençoit à jouir, par les actions à jamais mémorables de dom Louis d'Ataïde.

Dans cet ordre on arriva à l'Eglise, dom Manuel s'y étoit rendu sans aller au palais ; sa contenance étoit modeste & son ajustement simple ; il s'étoit placé assez près de l'Autel pour être apperçu de Dona Gratia, qui, à sa vue, sentit un trouble incroyable ; mais elle se soutint avec beau-

coup de courage. Les deux rivaux treffail-
lirent en s'envifageant l'un l'autre, leurs
regards s'enflammerent ; cependant la cérémonie s'acheva tranquillement, & chacun
renferma fes inquiétudes au-dedans de fon
ame. En retournant au palais la même dif-
pofition fut fuivie ; dom Manuel fe joignit
à la troupe qui accompagnoit le Vice-roi ;
dom Jofeph s'étant placé auprès de Dona
Gratia, dans le char de la Vice-reine.

La nouvelle Comteffe de Ménésès, malgré fes efforts, prenoit peu de part à la joie
publique ; fon indifférence affligeoit fenfiblement dom Jofeph ; il employa tout ce
qu'il avoit d'agrément & de galanterie dans
l'efprit, pour diffiper la trifteffe qui paroiffoit dans fes yeux ; elle fe fit violence
& fe prêta aux réjouiffances qui occupe-
rent toute cette journée, avec affez de
complaifance pour calmer les inquiétudes
de dom Jofeph. Ce tendre époux obferva
d'ailleurs avec plaifir les regards de fon
rival, qui fe répandoient avec beaucoup d'indifférence. Dom Manuel Amant tendre &
malheureux, plaignoit trop la deftinée de
fa Maîtreffe pour chercher à augmenter
fon embarras. Elle de fon côté, toujours

G iv

sur ses gardes, évita ses yeux avec un soin extrême.

Les fêtes furent d'une magnificence infinie, & le festin plus somptueux que l'on ne sçauroit l'imaginer. Sur le soir, les illuminations de la ville & des vaisseaux, déroberent si parfaitement l'obscurité de la nuit, & succéderent avec tant d'art à la clarté du soleil, que l'on ne s'apperçut point de la fin du jour. Les feux d'artifices sur la terre, & sur l'eau, furent exécutés dans la derniere précision; enfin cette belle journée se termina par un bal d'une ordonnance admirable, après lequel les nouveaux époux furent conduits par le Vice-roi, dans le superbe appartement qui leur étoit destiné. Ce fut ainsi que la Comtesse de Ménésès sacrifia une passion funeste, qui avec tant de force tyrannisoit son cœur; mais tout son courage ne la détruisit pas; elle fit long-temps le malheur de sa vie par toutes les traverses dont elle fût le principe.

Dom Manuel, le cœur percé de douleur & de jalousie, crut enfin être au moment de satisfaire sa vengeance. Il voulut prévenir le retour de dom George son pere, (qui après la ruine de la flotte du Zamorin qu'il avoit pourſuivie, pouvoit de momens en momens arriver à Goa,) & dès qu'il fut retiré chez lui, il écrivit ce peu de mots à dom Joſeph. " L'amour doit » être ſatisfait, il faut auſſi ſatisfaire un » ennemi que vous avez outragé. Trouvez- » vous ſous le baſtion Saint-Antoine hors » la ville, nous y déciderons en liberté, ſi » la gloire que j'ai ſi juſtement acquiſe, » peut être obſcurcie avec tant de facilité ». Il confia ce billet à un de ſes domeſtiques inconnu au palais, avec ordre de le remettre à dom Joſeph lorſqu'il ſortiroit de la chambre de ſa femme, & d'employer toute l'adreſſe dont il étoit capable pour n'être point découvert. Le domeſtique avec habileté s'acquitta de ſa commiſſion. Dom Joſeph prit le billet, & le lut ſans laiſſer voir aucune altération ſur ſon viſage ; charmé au contraire d'une propoſition ſi conforme à ſes deſirs, il s'enferma ſeul dans ſon cabinet, & profita d'un moment favorable pour ſe dérober ſecrétement.

Il ſe rendit dans l'endroit indiqué, où il trouva dom Manuel qui l'avoit prévenu. Dès qu'ils s'enviſagerent, la rage s'empara de leurs cœurs avec tant de violence, qu'ils se jetterent l'un sur l'autre sans aucunes réflexions ; ils se battirent avec une fureur désespérée, & toujours avec un égal avantage. Epuisés tous deux par la perte de leur sang qui couloit de toutes parts, ils alloient bientôt terminer leur sort, lorsqu'ils furent apperçus par dom George de Ménésès, qui, par un coup du ciel, venoit de descendre de ses vaisseaux fort près de ce lieu. Dom George en gagnant à cheval une des portes de la ville, avec toute sa suite, apperçut les deux adversaires. Epouvanté des coups qu'ils se portoient, il s'approcha seul ; mais quel fut son étonnement quand il reconnut son fils & dom Joseph. Il se précipita entre les deux rivaux avec tant d'impétuosité, qu'il les sépara malgré leur acharnement. A son aspect la surprise qui les saisit ne se peut exprimer, surtout celle de dom Manuel à la vue de son pere. Mais la fureur seule soutenant leurs forces, ils chancelerent tous deux, & tomberent sur l'herbe presque morts. Dom George appella les gens de sa suite, pour l'aider à secourir les deux blessés, s'il en étoit temps encore. Il fit venir en toute

diligence des brancards de la ville, & fit
d'abord tranſporter ſon fils dans une maiſon voiſine. A l'égard de dom Joſeph, ne
croyant pas devoir en diſpoſer, il fit ſur
le champ avertir le Vice-roi, qui, ſans tarder, ſe rendit auprès de lui. La préſence du
Vice-roi ranima dom Joſeph, & on jugea
que la foibleſſe & l'épuiſement, pouvoient
ſeuls faire craindre pour ſa vie. Ses bleſſures
qui furent viſitées, ne parurent point dangereuſes, & ſur l'avis des Chirurgiens que
dom Louis avoit amenés, il fut tranſporté
au palais.

La nouvelle & le motif du combat
furent bientôt répandus dans toute la ville.
Dona Gratia, plus morte que vive, accou-
rut au-devant de ſon mari, qu'elle accompagna en pleurant juſqu'au palais. Elle
étoit ſincérement touchée de ſon état ;
mais cruellement inquiete de dom Manuel,
dont elle ignoroit la ſituation préſente. Ses
forces ſuccomberent à de ſi grands maux.
Elle s'évanouit en tenant la main de ſon
époux, qu'on avoit mis au lit ; & malgré
le déſeſpoir de dom Joſeph, qui ne vouloit pas la perdre de vue, on la porta dans
ſon appartement preſqu'auſſi malade que

son mari. Le Vice-roi & la Vice-reine, accablés de ce nouvel accident, s'empressèrent auprès d'elle, pour tâcher de la soulager.

Tout étoit en alarme au palais, tandis que dom George auprès de son fils, cherchoit à lui donner tous les secours dont il avoit besoin. Moins affoibli que dom Joseph, après quelques heures de repos, il commença à reprendre ses sens; & à l'aide de dom Rámire qui s'étoit rendu auprès de lui, il fut en état d'instruire dom George, de la cause & des suites de sa querelle. Dom George occupé de la situation de son fils, sentoit encore avec vivacité l'effet qu'un tel événement devoit produire sur le Vice-roi. Il hésitoit à paroître devant lui, ne doutant pas qu'il n'eût à essuyer des reproches amers sur le compte de dom Manuel. Cependant son devoir, & l'envie de justifier son fils, le déterminerent à se rendre au palais. Il trouva le Vice-roi dans un abattement inconcevable. Ce grand courage, qui s'étoit soutenu avec tant de force contre un monde d'ennemis, se vit ébranlé dans cette occasion, parce que son cœur étoit frappé par un endroit

trop sensible : son inquiétude étoit extrême ;
dom Joseph effrayé de l'état de sa femme
venoit de tomber dans un délire affreux ;
une fievre ardente avoit saisi la Comtesse de
Ménésès & faisoit tout craindre pour ses
jours.

Dans cet excès de malheur, le Vice roi
ne put s'empêcher de marquer son ressen-
timent, en voyant paroître le pere de
dom Manuel. *Ah ! dom George, s'écria-
t-il, que d'alarmes cruelles nous cause votre fils ; dom Joseph & ma fille périront
par ses coups ; tous deux accablés par des
maux pressans y succomberont sans doute ;
& je ne puis m'en prendre qu'aux fureurs
de dom Manuel.* Dom George, assez content de l'état de son fils, avoit toute la liberté de son esprit ; & bien-loin de s'éton-
ner du chagrin de dom Louis, qu'il trouvoit juste, il fut plus satisfait de le voir
s'expliquer vivement ; il en prit plus d'as-
surance. *Seigneur, lui dit-il avec fermeté,
je ne prétends point justifier mon fils, puisqu'il a eu le malheur de vous déplaire ;
j'ai moi-même essayé plus d'une fois de
calmer ses transports ; vos bonnes raisons
en me refusant votre fille m'avoient per-*

suadé ; mais elles n'agirent pas avec le même succès sur l'esprit de dom Manuel ; il n'envisagea alors que la privation d'un bien qu'il desiroit si passionnément : j'employai toute mon adresse pour adoucir le mortel chagrin qu'il en ressentoit : je me servis même de toute mon autorité sur lui pour l'empêcher d'éclater ; & mes soins auroient peut-être réussi, si l'occasion du tournoi n'eût changé les circonstances.

Mon fils, ajouta-t-il, ayant remporté l'avantage sur tous ses autres concurrens, ne vit que dom Joseph capable d'augmenter sa gloire ; il desira de se mesurer avec lui. S'il imagina de se déguiser, ce fut pour éviter les obstacles qu'il auroit pu rencontrer dans son dessein. Dom Joseph piqué d'un événement fort ordinaire, & qui ne détruisoit point la gloire qu'il avoit déja acquise, devint à son tour l'agresseur.

Dom George conta alors à dom Louis, ce qui s'étoit passé chez la Vice-reine, & l'insulte que dom Manuel y avoit reçue. Mon fils par cet outrage étoit grièvement offensé, continua dom George ; son honneur se trouvoit blessé, il a été pourtant assez modéré, si j'ose m'exprimer ainsi, pour laiſſer achever la cérémonie des nôces, ſans y apporter de trouble. Je conviens qu'il n'a pas peut-être aſſez différé une vengeance qu'il croyoit ſe devoir à lui-même ; mais, Seigneur, ils ſe ſont battus en gens de cœur & de courage, & je me flatte que les bleſſures de dom Joſeph n'étant pas dangereuſes, ſon agitation ſe calmera dans peu. A l'égard de la Comteſſe de Ménésès, vous ſeriez déja vengé de mon fils, s'il étoit informé de la triſte ſituation de cette belle perſonne.

Le Vice-roi, qui ignoroit une partie des circonſtances de cette affaire, avoit donné une attention fort ſérieuſe au diſcours de dom George : il convint d'abord avec lui, que ſon fils n'étoit pas ſi coupable qu'il l'avoit imaginé ; dom Louis ſe prêtant d'ailleurs à toute l'amertume de la ſituation de dom Manuel, crut devoir adoucir ce qu'il y avoit eu de trop piquant dans ſon début avec dom George ; & prenant un ton plus doux : *Les tranſports de votre fils*, lui dit il, *ont été trop violens, vous devez en convenir dom George ; l'amour & la jalouſie l'ont fait agir encore plus que la gloire. J'avoue que dom Joſeph s'eſt un* peu trop livré à ses ressentimens. Mais la découverte d'un rival, & d'un rival aimable, est un point si délicat & si touchant, que, joint à l'intérêt de la gloire, il porte nécessairement à des extrémités.

Si ma fille, née avec des sentimens moins vertueux, ajouta le Vice-roi, se trouvoit sensible au mérite de dom Manuel, quel seroit le malheur de deux époux dont j'ai cru faire la félicité réciproque. Mais je suis trop convaincu qu'il n'en est rien, l'indifférence de ma fille pour dom Manuel, me persuade qu'elle s'est donnée à dom Joseph sans partage. Cependant s'il en prenoit des inquiétudes, je ne pourrois en être surpris. Au reste, dans la situation des choses, & après l'aveu public d'une passion téméraire à tous égards, il ne convient plus que dom Manuel paroisse à ma Cour. Il faut dom George, que pour prix du pardon que j'accorde à votre fils, vous l'engagiez à éviter dom Joseph, & sur-tout la présence de Dona Gratia, qui ne l'envisageroit qu'avec embarras, étant peut-être déja instruite du motif de leur querelle.

Cet effort sera grand, reprit dom George, & je ne présumerois pas du succès de

mes

mes soins , si mon fils ne desiroit pas ardemment lui-même , de se voir éloigné de dom Joseph ; & ne doutant pas que dom Joseph ne retourne bientôt auprès du Roi , avec Madame de Ménéses , toutes les vues de dom Manuel aujourd'hui se portent à demeurer aux Indes avec moi. Malgré son état malheureux il m'a confié ce dessein. J'approuve cette résolution , interrompit le Vice-roi , & je vous rendrai confidence pour confidence. Je vais dépêcher une seconde Caravelle à Lisbonne , pour demander instamment mon rappel. Et sans attendre les ordres du Roi , pour ce qui me regarde , je vais faire partir la Vice-reine avec sa fille & dom Joseph. Ils seront escortés par les vaisseaux de Sa Majesté , qui doivent dans peu reconduire à Lisbonne , le secours qui m'a été envoyé. Quant à moi , je resterai aux Indes jusqu'à l'arrivée de mon successeur. Je vous le répete , dom George , que votre fils ne paroisse point à la Cour , jusqu'au départ de la flotte ; si dom Manuel a pour moi cette complaisance , je le revétirai d'un emploi si glorieux , qu'il n'aura pas lieu de se plaindre de mes sentimens pour lui. Je veux bien vous l'avouer , je sens tout ce qu'il vaut, je fais un cas infini de sa valeur, & après le fils de dom Alexis de Ménésès, dom Manuel auroit eu la préférence sur tout autre. Mais je devois mon choix à l'amitié de dom Alexis, & je trouve dans le caractere de son fils, tout ce que je pouvois desirer dans un gendre. Il faut attendre, ajouta le Vice-roi, le rétablissement de dom Joseph, & celui de ma fille, pour déclarer mes intentions, & fixer leur départ ; jusque-là je vous demande le secret. Dom George qui approuvoit des arrangemens si conformes à sa façon de penser, se retira fort satisfait de sa visite.

Il n'étoit pas encore sorti du palais, lorsqu'on vint dire au Vice-roi que dom Joseph étoit beaucoup plus tranquille, & que Madame de Ménésès paroissoit aussi dans un état plus doux. Dom George le félicita sur ces bonnes nouvelles, & fut rejoindre son fils, qu'il trouva dans une douloureuse agitation.

Pendant que dom George étoit chez le Vice-roi, dom Manuel qui avoit desiré de la solitude, livroit un rude combat à son amour. *Quel est donc,* disoit-il, *le sentiment qui me guide ? je veux rester aux*

Indes, & Dona Gratia s'en éloignera sans doute. Un espace immense va me séparer d'elle, & c'est moi-même qui me condamne à ce genre de supplice! Quelle affreuse résolution! Je l'aime avec fureur; peut-être, hélas! son cœur est-il sensible à mes malheurs. Un de ses regards autoriseroit cette flatteuse idée. Mais depuis ce doux moment, elle m'a accablé d'une rigueur que je n'avois point encore éprouvée. Après l'aveu de ma passion qui l'offensa sans doute, elle ne changea point sa conduite avec moi; chez la Vice-reine, dans les assemblées, elle me parloit avec autant de douceur qu'à dom Joseph; oui, je ne puis m'y méprendre, elle est touchée de ma peine. Mais attachée à un époux par les regles d'un austere devoir, elle se reprocheroit un foible témoignage d'une pitié qu'elle veut désavouer. Conduite par la vertu, elle veut détruire en moi jusqu'au moindre soupçon d'un sentiment qu'elle regarde comme un crime. Hélas! je ne dois plus attendre qu'une froideur trop cruelle. Que dis-je, ne dois-je pas aussi respecter ses volontés? je l'offenserois sans cesse par les marques d'une passion que je ne sçaurois contraindre. Il faut donc, pour éviter de lui déplaire, il faut se priver de la voir. Ce sacrifice est digne de mon amour. C'en est fait, Dona Gratia, vous ne serez point exposée aux tristes plaintes d'un Amant trop malheureux : privation cent fois plus affreuse que celle du jour. Doux charme de ma vie, je vous perds pour jamais. Ah ! rival trop fortuné, rien ne troublera ton bonheur. Dona Gratia inspire autant de respect que d'amour, la crainte de lui déplaire, la met à l'abri pour toujours des transports d'une passion qu'elle condamne.

Ce grand effort agitoit encore son esprit, lorsque dom George entra dans sa chambre. *Ma démarche a réussi, mon fils,* lui dit-il, *je dois me louer des bontés du Vice-roi. Instruit par moi des circonstances qu'il ignoroit, j'ai dissipé toute sa colere ; ainsi il ne faut plus songer qu'à votre santé, & à reprendre la tranquillité dont elle dépend. Ah ! mon pere,* s'écria dom Manuel déterminé à ne plus voir Dona Gratia, *puis-je espérer de la tranquillité ? Cette résolution me condamne à un éternel désespoir ; hélas ! mon exil n'est plus fondé sur la haine, c'est l'amour qui le dicte. J'en mourrai,*

mais n'importe, cet effort est digne de
Doña Gratia, & je le soutiendrai jusqu'au
dernier moment de ma vie. Mais, ajouta-t-il
tendrement, ignorerai-je toûjours ce qu'elle
pense ? l'état de son époux lui cause-t-il
une douleur vive ? lui marque-t-elle des
soins empressés ?... Je n'ai point vu Madame
de Ménésès, interrompit dom George ;
mais elle donne sans doute à dom Joseph
toutes les marques d'attachement qu'elle lui
doit. Vous l'en estimeriez moins, si elle
manquoit à son devoir. Ah ! reprit dom
Manuel, elle en est incapable, sa vertu lui
tiendra lieu d'amour, son cœur s'accoûtu-
mera aux sentimens qu'elle lui inspire, &
je serai oublié pour jamais. Réflexion
trop cruelle, pourquoi vous présentez-vous
à mon esprit ? Dom George, épouvanté de
l'agitation où il le voyoit, attendit un moment plus tranquille pour l'instruire des
ordres du Vice-roi, & ne songea pour lors
qu'à adoucir sa douleur.

Dona Gratia n'étoit pas moins occupée
de dom Manuel, qu'il l'étoit d'elle. Incertaine de son état, elle ne put se refuser de
montrer son inquiétude à Olympe. Cette
fille zélée, qui venoit d'apprendre par un

des gens de dom George , que les bleſſures de dom Manuel étoient peu conſidérables, & qu'il n'y avoit rien de dangereux à craindre , accouroît pour annoncer à ſa Maîtreſſe ces bonnes nouvelles ; elle ne les croyoit pas indifférentes pour elle , malgré le ſilence qu'elle s'étoit impoſé depuis ſon mariage. Ce récit apporta quelque relâche aux maux de Dona Grâtia ; elle en parut plus tranquille , & la fievre ſe calma peu-à- peu.

Dom Joſeph , inſtruit du meilleur état de ſon aimable femme , donna bientôt des eſpérances d'une prochaine guériſon. Ses bleſſures alloient ſi bien , qu'au bout de quinze jours , le Vice-roi déclara que la flotte partiroit dans un mois. Il annonça à la Vice-reine & aux deux nouveaux époux, que leur départ étoit fixé pour ce temps. Cette nouvelle produiſit divers effets. Dom Joſeph , charmé de s'éloigner d'un lieu où il avoit éprouvé de cuiſans chagrins , en reſſentit une véritable joie ; mais dès qu'il ſçut que ſon rival prenoit le parti de reſter aux Indes , il crut ſon bonheur inal- térable.

Ce rival infortuné , à la nouvelle certaine

du départ de Madame de Ménésès, sentit
une douleur mortelle. Il en fut si vivement frappé, que ses généreuses résolutions se trouverent presque détruites. Mais
pour les soutenir, il engagea son pere à
obtenir du Vice-roi qu'il l'honorât d'une
visite, puisqu'il ne devoit pas se présenter au
palais. Dom Louis s'étant rendu chez lui
avec bonté, ce malheureux Amant, pénétré d'une douleur trop bien dépeinte sur
son visage, lui fit un aveu sincere de la
violence de son amour, & des transports
de sa jalousie. *J'adorai votre aimable fille,*
lui dit-il, *dès le premier moment que
j'apperçus ses attraits. J'ai brûlé pour elle
de la plus respectueuse passion. Jugez, Seigneur, de mon désespoir, quand j'appris par
mon pere qu'elle étoit destinée à dom Joseph. Je n'envisageai alors que l'horreur
de la voir vivre pour un autre, mon rival
me devint odieux, & je ne respirai plus
qu'une vengeance, que je voulus satisfaire
à la faveur du tournoi. Cette entreprise vous
a déplu, Seigneur, elle a eu des suites que
mon honneur exigeoit ; je vais vous venger, en me condamnant à rester aux Indes.
Je conserverai ma passion pour Madame de*

H iv

Ménésès, jusqu'à mon dernier soupir; mais je la délivrerai d'un objet qui la fatigueroit sans cesse par des plaintes importunes, & par la douleur que m'inspire le bonheur de mon rival.

La rapidité avec laquelle il parloit ôtoit au Vice-roi tout moyen de l'interrompre. Cependant profitant d'un moment, il lui dit: *Mais*, dom Manuel, quel fruit attendez-vous d'un amour sans espoir. Je prétends, Seigneur, répliqua-t-il, aimer Madame de Ménésès jusqu'à ce qu'une mort glorieuse me délivre de mes tourmens. C'est le seul bonheur que j'envisage.

Le Vice-roi, sensiblement touché de tant d'amour & d'une générosité si rare, applaudit à ses résolutions & y donna son aveu; mais, pour lui marquer son estime & le retour de son amitié, il l'embrassa tendrement & reprit: *Vous méritez, dom Manuel, que la gloire vous dédommage des rigueurs de l'amour; je vous nomme Capitaine général de la Mer des Indes, sous les ordres de dom Georges qui vient d'en obtenir le commandement. Cet emploi est fort au-dessus de votre âge; mais les grandes qualités qui brillent en vous, doivent vous dispenser des regles ordinaires ; & pour ôter à mon successeur le droit d'en disposer après mon retour, j'obtiendrai du Roi une confirmation signée de sa main.* Dom George qui étoit présent, se jetta aux pieds du Vice-roi pour le remercier d'une si grande faveur. Son fils se joignit aux témoignages de reconnoissance qui étoient dûs au Vice-roi ; mais cet honneur étoit acheté si cher, que ce jeune Amant, plus tendre qu'ambitieux, en fut médiocrement touché.

Après mille caresses redoublées, le Vice-roi le quitta ; persuadé par ses soupirs & par ses larmes, que son courage avoit obtenu de son cœur un terrible effort. Il étoit en effet si cruel, que dès que le Vice-roi fut parti, les blessures de dom Manuel se rouvrirent. Il tomba dans un péril éminent, qui dura presque jusqu'au départ de la flotte. Cependant, malgré son mal & son désespoir, il ne changea plus de résolution.

Les projets de dom Manuel dérangerent totalement les idées de dom Ramire : charmé de la conclusion du mariage de dom Joseph ; le combat qui l'avoit suivi avoit encore fortifié ses espérances ; Dona

Gratia unie avec dom Joseph, devoit bannir pour jamais dom Manuel de sa préfence, & détruire une paffion fans aucun efpoir. Dom Ramire, dans ces circonftances, fe flattoit fi fort d'un retour favorable à la Duchefse d'Aveiro, que déja il fe repentoit de lui avoir appris une infidélité, qui ne pouvoit avoir aucune fuite; mais lorfqu'il fut inftruit du facrifice que dom Manuel faifoit à Madame de Ménésès, & des engagemens qu'il prenoit aux Indes, il fe crut perdu. Diffimulant cependant jufqu'au bout, il dit à dom Manuel que des affaires preffantes le rappelloient en Efpagne, qu'il étoit obligé de s'y rendre par les premiers vaiffeaux qui partiroient, malgré le défefpoir qu'il reffentoit de fe féparer de lui. Dom Manuel, occupé de foins plus preffans, confentit à fon départ avec bonté, & combla de préfens un traître, dont les vues tendoient à fervir la Duchefse dans une vengeance qu'elle ne négligeroit pas fans doute, puifqu'il n'avoit pu la fervir dans fon amour.

Lorfque dom Louis fut retourné dans fon palais, il déclara la nouvelle dignité dont il venoit d'honorer dom Manuel, qui

prenoit le parti de refter aux Indes avec
fon pere. Il fit en même temps un éloge
du nouveau Capitaine ; ce qui ne laiffa plus
ignorer qu'il étoit rentré dans fes bonnes
graces. On raifonna beaucoup fur cet événement ; mais lorfque dom Jofeph eut
pénétré le motif qui engageoit fon rival à
ne pas retourner en Portugal , il fut fi
touché d'une telle générofité , qu'oubliant
le mouvement de joie que lui avoit caufé
ce projet , il fut tenté de le détourner lui-
même d'une réfolution trop forcée.

La pauvre Comteffe de Ménéfès , inftruite
des arrangemens de dom Manuel , fentit ,
malgré elle , un vif chagrin de quitter
Goa. Perfuadée qu'elle étoit la caufe de
toutes les peines de fon Amant , & que
fon refpect pour elle déterminoit fon fé-
jour aux Indes , elle ne pouvoit s'empêcher
d'admirer fon courage. Bien plus touchée de
ce facrifice , que des marques d'une paffion
qu'elle condamnoit , elle l'en aima cent
fois davantage. Bientôt elle s'apperçut que
l'efpoir de détruire un penchant fi fort
n'étoit qu'une vaine illufion , & que fon
cœur étoit bleffé pour jamais.

Le départ approchoit infenfiblement ;

déja par les ordres du Vice-roi tout étoit
disposé sur la flotte. Dom Manuel, après
avoir été aux portes de la mort, commen-
çant à reprendre un peu de force, ne put
se résoudre à laisser partir sa Maîtresse,
sans la voir encore une fois. Cependant ne
voulant pas paroître devant elle, un de
ses gens qui avoit sa confiance, s'assura
d'un bâtiment abandonné & sans agrès,
placé fort près des gros vaisseaux qui devoient faire le voyage. Le jour du départ
de la flotte, ce malheureux Amant, malgré
son extrême foiblesse, sortit de grand matin pour aller se renfermer dans ce bâtiment. La confusion de l'embarquement favorisa son projet ; mais cette foible consolation lui causa un surcroît de douleur
bien cruel.

Tandis qu'il attendoit impatiemment ce
fatal bonheur, Madame la Comtesse de
Ménésès, plus touchée qu'elle ne l'avoit encore été, se rendit dans l'appartement de
son pere, pour lui faire ses tristes adieux.
Le Vice-roi étoit enfermé dans son cabinet
pour quelques momens ; dom George qui
attendoit qu'il sortît, s'avança au-devant
de la Comtesse avec beaucoup d'empresse-

ment. La vue du pere de dom Manuel, lui donna une vive émotion ; mais, dans son embarras, elle crût qu'elle ne pouvoit se dispenser de lui demander des nouvelles de son fils. Dom George, surpris de cette marque de bonté, lui répondit tristement qu'il étoit dans une langueur dont il ne prévoyoit pas si-tôt la fin. La Comtesse trop attendrie à ce discours, & sentant ses yeux couverts de larmes, se détourna, & gagna une embrasure de fenêtre où sans témoins elle tâcha de se remettre. Cette preuve de tendresse ne pût échapper à dom George, qui admira la vertu de cette belle & malheureuse femme, & se plaignit des rigueurs du sort, qui avec barbarie séparoit deux personnes si dignes d'être unies.

Le Vice-roi parut dans cet instant ; les caresses dont il combla sa fille, donnerent lieu à des larmes qui, par un épanchement dont elle avoit tant de besoin, soulagerent son tendre cœur. Il passa avec elle dans l'appartement de la Vice-reine, où ils étoient attendus de toute la Cour. Une heure après l'on se rendit sur le port, au milieu des regrets de tous les habitans de Goa,

qui voulurent être témoins de l'embarquement.

Dom Manuel enfermé dans son navire,
la vue attachée sur le rivage, eut le triste
plaisir d'envisager sa Maîtresse. Elle entra
avec la Vice-reine dans une chaloupe ma-
gnifiquement ornée, qui les conduisit jusqu'à leur vaisseau. Dès qu'elles y furent
entrées, tout disparut aux yeux de dom
Manuel. Cet Amant trop malheureux,
crut perdre en cet instant la lumiere du
jour. Il se coucha par terre, & poussa des
gémissemens capables d'attendrir les cœurs
les plus durs. Le vent trop contraire à ses
vœux, éloigna bientôt la flotte de la vue
du port ; alors, perdant toute espérance,
il se retira chez lui accablé d'une tristesse
mortelle. Dom George qui s'y rendit peu
de momens après, fut effrayé de l'état de
son fils, & n'apprit qu'en tremblant ce
qu'il venoit de hasarder, dans la foiblesse
où il le voyoit encore.

Il fut long-temps malade, mais enfin
cédant aux empressemens d'Ataïde qui vouloit le voir auprès de lui, il prit un appartement au palais. Le Vice-roi prit pour
lui une amitié si tendre qu'il ne pouvoit

s'en séparer. Dom George, devenu le confident de son fils, soulageoit ses peines en lui parlant souvent de Dona Gratia, dont sans cesse il vantoit la vertu, pour engager dom Manuel à prendre son parti dans un mal sans remede.

Cependant la premiere Caravelle dépêchée par le Vice-roi arriva à Lisbonne. La levée du siege de Goa remplit la Cour d'une joie universelle, à l'exception de la Duchesse d'Aveiro, qui, outrée de dépit en lisant les lettres de dom Ramire, ne put résister à la colere qu'elle en ressentit. Elle se laissa aller à des transports si violens, que Dona Clara en fut épouvantée. *Ah! l'infidele*, s'écria-t-elle; *il croit jouir tranquillement de sa perfidie, je sçaurai détourner ce funeste coup.* La fureur où elle étoit l'empêcha de continuer; elle se leva pour sortir, dans l'intention d'obtenir du premier Ministre qui lui devoit sa fortune, un ordre exprès à dom Manuel pour son retour en Portugal. Mais ce projet fut bientôt détruit, par le peu d'apparence de succès. D'ailleurs, par la délivrance de Goa, elle se flatta de la fin d'une guerre qui devoit ramener les troupes de secours.

Mais la seconde Caravelle du Vice-roi, qui venoit demander son rappel, donna quelque relâche aux fureurs de la Duchesse. Elle apprit avec une joie sensible, que Dona Gratia, mariée à dom Joseph, revenoit en Portugal ; cette nouvelle calma ses emportemens. Dès ce moment elle compta sur le retour de son Amant, qui, ayant perdu toute espérance de posséder sa rivale, ne chercheroit sans doute qu'à se justifier auprès d'elle.

Les choses resterent assez tranquilles, jusqu'au moment que les vaisseaux légers qui précédoient la flotte, annoncerent son arrivée prochaine. Dom Ramire confondu dans la foule des passagers, se rendit secrétement chez la Duchesse, & versa dans son cœur un violent poison, en lui apprenant ce qui s'étoit passé à l'occasion du mariage. Mais le désespoir de cette Princesse fut à son comble, lorsqu'elle sçut que dom Manuel, plus passionné que jamais pour Madame de Ménésès, s'étoit déterminé à rester aux Indes. Les motifs de cette résolution augmenterent encore sa rage. Enfin, perdant l'espoir de le revoir, elle s'abandonna à des emportemens que

l'amour

l'amour seul peut caufer. Cependant dom Ramire qui fe voyoit perdu fi elle éclatoit, effaya de rappeller fa raifon. Il lui fit en-tendre qu'elle pouvoit fe venger de dom Manuel & de fa rivale, par une voie douce en apparence, mais qui porteroit dans leurs cœurs la douleur la plus cruel-le, fi la Comteffe, comme il n'en pouvoit douter, aimoit dom Manuel ; qu'il falloit dérober les effets d'un défefpoir, dont la connoiffance nuiroit à fes intérêts ; qu'il fçavoit les moyens d'aller droit au cœur de Madame de Ménésès, & de l'engager pour elle-même à un filence éternel. Dom Ra-mire qui voyoit que la Ducheffe l'écoutoit avec avidité pourfuivit, & lui dreffa le plan d'une noire perfidie, qui réuffit d'a-bord au delà de leurs efpérances. La Du-cheffe, charmée de ce projet, y donna un plein aveu, & fe chargea du foin de l'exé-cuter quand il en feroit temps. Ils con-vinrent en fe féparant, que dom Ramire ne paroîtroit point dans Lisbonne, & que la Ducheffe de fon côté, affecteroit une tranquillité dont elle ne jouiffoit pas, mais qui devoit favorifer leurs deffeins.

Pendant que cette Princeffe ne fongeoit

I

qu'à servir sa jalousie, la flotte faisoit route par un vent favorable; mais la joie n'y régnoit pas dans tous les cœurs. La Comtesse de Ménésès, dévorée par un chagrin insurmontable, ne pouvoit se rétablir de sa derniere maladie, malgré les soins empressés de son époux, qui, désespéré de la voir dans ce misérable état, n'étoit pas lui-même dans une situation plus heureuse.

Un jour qu'elle étoit appuyée sur la fenêtre de sa chambre, la vue attachée sur les flots de la mer, dom Joseph entra; & la voyant dans une rêverie profonde, il s'approcha doucement. Mais après l'avoir considérée quelques instans, il lui dit avec tendresse: *Eh bien, Madame, vous verrai-je toujours plongée dans un chagrin qui vous tue? Que parlez-vous de chagrin, dom Joseph?* reprit Madame de Ménésès avec surprise. *Je n'ai nul sujet de m'affliger, ma mauvaise santé cause ma langueur. Ah! Madame,* dit dom Joseph, *ce n'est pas d'aujourd'hui que je connois tout mon malheur; votre cœur, prévenu depuis long-temps, ne peut se donner à moi malgré tous ses efforts. Ce n'est point,* continua-t-il, *la jalousie d'un époux qui me fait parler. Loin* de moi pour jamais tout soupçon injurieux à votre vertu, je l'admire tous les jours, & le procédé généreux de mon rival, mé met à l'abri des foiblesses d'un homme jaloux; mais un Amant aussi passionné que je le suis, peut-il envisager le partage de votre cœur avec tranquillité? Que vos idées sont cruelles, reprit Madame de Ménésès les yeux chargés de larmes; *pourquoi cherchez-vous à vous tourmenter? mon cœur est à vous, je vous le jure, & ne sera jamais qu'à vous; mais ne dois-je pas être offensée des sentimens dont vous m'accusez.* Ah! Madame, s'écria dom Joseph, je ne vous accuse point, je me plains d'un funeste penchant que vous ne pouvez surmonter, & qui livre sans cesse à votre ame une guerre si cruelle que..... *Banissez des alarmes qui ne sont point fondées*, interrompit cette malheureuse personne: *elles exciteroient toute ma colere si je pouvois en avoir pour vous; je pardonne vos injustices à votre amour; cessez donc de m'accabler par des soupçons qui me déchirent; si j'avois été surprise par des sentimens indignes de moi, ils se seroient détruits sans réserve, en me donnant à vous. Ne cherchez point dom Joseph, à troubler notre union, mon cœur est peu fait pour les vivacités de l'amour ; cependant il sçait aimer, & connoît tout ce qu'il doit à un époux si digne de l'occuper entiérement.* Dom Joseph trop touché pour en dire davantage, lui baisa la main tendrement & se retira.

Madame de Ménésès ne pouvoit se consoler du peu de pouvoir qu'elle avoit sur elle-même ; persuadée que sa tristesse avoit découvert le malheureux état de son cœur, elle se la reprochoit sans cesse. *Que je suis à plaindre !* disoit-elle à la Comtesse d'Atougia sa mere, qui par ses caresses avoit gagné toute sa confiance ; *je perds l'estime d'un époux qui m'adore, quand ma vertu ne me reproche rien ! quelle source de peines m'est préparée ; dom Joseph se lassera de sa complaisance & son amour s'affoiblira ; un mariage qui devoit faire tout mon bonheur, deviendra pour moi le plus grand des malheurs.*

La Comtesse d'Atougia qui cherchoit à diminuer son désespoir, lui fit espérer que le temps la rendroit plus maîtresse d'elle-même. *Vous sentez,* lui disoit-elle, *tout le danger du penchant que vous voulez dé*

truire ; *il n'en faut point douter, peu-à-peu
votre cœur occupé du foin de plaire à votre
mari, fe foumettra aux loix que vous lui
impofez, & votre bonne conduite vous con-
fervera l'eftime & le cœur de votre époux.*
Ah ! j'y ferai tous mes efforts, reprit
Madame de Ménéſès, *mais j'ai grand befoin de la continuation de vos bontés, pour
me foutenir dans le cruel état où je fuis.*
En effet, elle faiſoit tout ce qui étoit en
elle, pour éteindre une paſſion ſi funeſte.
Pendant tout ſon voyage, elle ne parla
jamais à Olympe de dom Manuel ; ſouvent
même elle évitoit cette matiere avec la
Comteſſe ſa mere.

Ce fut dans ces triſtes diſpoſitions qu'elles arriverent dans le port de Lisbonne.
Toute la ville s'y étoit rendue, pour aſſiſ-
ter au débarquement de tant de guerriers
couverts de gloire. Les acclamations des
peuples furent exceſſives ; mais lorſqu'ils
apperçurent la prodigieuſe beauté de Madame de Ménéſès, le tumulte fit place à
l'admiration. On entendit de toute part :
ah ! qu'elle eſt belle, rien de ſi charmant
n'a jamais paru à Lisbonne. Elle courut
riſque d'être étouffée, par la foule de ceux

qui s'empreſſoient pour la voir de plus près; & ce ne fut qu'avec une peine extrême, qu'elle gagna un équipage magnifique que le Roi leur avoit envoyé. Elles furent conduites au palais, toujours ſuivies de cette multitude importune, qui ne pouvoit ſe raſſaſier de voir Madame de Ménésès.

Le Roi reçut ſes Dames avec tous les honneurs imaginables. Dom Joſeph qui les ſuivoit avec dom Mendoce, Général de la flotte, & tous les Officiers, rendit à Sa Majeſté les lettres du Vice-roi; elles contenoient l'éloge de tous ceux qui s'étoient diſtingués pendant le ſiege; dom Manuel, quoiqu'abſent, n'y étoit pas oublié. Le Roi lut tout haut ces choſes ſi flatteuſes, & marqua à chacun en particulier, la bienveillance dont il honoroit ſes ſervices. Il s'étendit beaucoup ſur les louanges du Vice-roi. Il dit à la Comteſſe d'Atougia, qu'il n'oublieroit jamais le zéle & la valeur de ſon mari, & qu'il lui en donneroit des preuves dans toutes les occaſions. La Comteſſe répondit reſpectueuſement qu'elle inſtruiroit dom Louis des bontés dont Sa Majeſté vouloit bien l'honorer, qu'il en feroit plus flatté que de toute autre récompenſe.

La Duchesse d'Aveiro qui s'étoit rendue chez le Roi, trouva Madame de Ménésès beaucoup plus belle qu'elle ne l'eût desiré. Sa langueur, contre l'ordinaire, ne diminuoit rien de ses charmes, mais elle redoubla le désespoir de la Duchesse qui lui avoit juré une haine éternelle. Cependant fine & dissimulée, elle l'accabla des caresses les plus touchantes; & la serrant entre ses bras, elle lui protesta que pendant son absence, sa tendresse avoit pris encore de nouvelles forces; qu'elle vouloit l'attacher à elle par une amitié sans bornes. Madame de Ménésès qui la crut sincere, reçut ces marques de bonté avec une respectueuse reconnoissance, & regarda cette Princesse comme une amie sur laquelle elle pouvoit compter.

Madame d'Aveiro qui vouloit avec adresse sonder le cœur de Madame de Ménésès, pour frapper plus sûrement, tint la même conduite avec elle pendant plus d'un mois; elle l'envoyoit chercher à toute heure; elle lui marquoit de la confiance, elle l'honora même de quelques visites; enfin la dissimulation ne peut être poussée plus loin qu'elle le fut par la Princesse.

Lorsqu'elle crut avoir tout disposé ; un jour elle se déroba au grand monde qui l'environnoit sans cesse, & ne laissa entrer chez elle que Madame de Ménésès. *Il est arrivé des nouvelles de Goa,* lui dit-elle en la voyant paroître, *je viens d'en recevoir un paquet. J'ai reçu aussi des nouvelles de mon pere,* répondit Madame de Ménésès. Elles parlerent sur dom Louis pendant quelques momens. Puis la Duchesse prenant la parole ; *mais, Madame,* lui dit-elle, *vous ne m'avez jamais parlé à cœur ouvert de ce qui se passa dans le temps du siege ; je ne sçais que par le public des événemens qui m'intéressent infiniment. Nous sommes seules, profitons - en. Cette matiere nous amusera.* Alors elle lui fit plusieurs questions, elle s'informa des particularités du siege & se fit nommer ceux qui s'y étoient le plus distingués. Cette conversation pesoit à Madame de Ménésès qui n'osoit parler de dom Manuel. C'étoit cependant où la Duchesse l'attendoit. *Mais,* lui dit-elle malignement, *les grandes actions de dom Manuel ont fait tant de bruit à la Cour, vous ne m'en parlez point ?* Ce discours ouvrit les yeux à la Comtesse : sans soupçonner encore les grands intérêts qui faisoient parler la Duchesse, elle entra cependant en quelque défiance. Les grandes actions de dom Manuel, répondit Madame de Ménésès avec assez de fermeté, ont si fort éclaté, Madame, que je croyois que vous n'ignoriez rien de ce qui le regarde; & sans se troubler, elle parla de quelques occasions où dom Manuel s'étoit acquis le plus de gloire. *Les graces de votre récit m'enchantent*, reprit la Duchesse; *mais vous ne m'honorez pas d'une confiance entiere, vous supprimez les aventures du tournoi, où dom Joseph & dom Manuel ne furent pas toujours d'accord.*

A ces mots toute la constance de Madame de Ménésès pensa l'abandonner, néanmoins elle se soutint assez pour reprendre. *Le tournoi, Madame, fut un amusement qui fit beaucoup de plaisir aux spectateurs; je n'avois pas imaginé qu'il en fût un pour vous, décrit par une femme mal habile comme moi dans ces sortes de récits.* La Duchesse convaincue qu'elle dissimuloit, se crut pleinement instruite de ses sentimens pour dom Manuel; & voulant les détruire à quelque prix que ce fût, elle

imagina de l'effrayer par des menaces, &
de se livrer elle-même par une confidence
sans exemple, pour aider les mouvemens
de jalousie qu'elle comptoit faire naître, à
la suite de cette conversation.

Vous dissimulez Madame, reprit-elle
*avec aigreur, je suis instruite des événemens
qui s'y sont passés, & ma curiosité ne rouloit que sur votre sincérité que je voulois
mettre à l'épreuve ; je sçais maintenant à
quoi m'en tenir ; vous aimez dom Manuel,
Madame, j'en suis certaine, & sa passion
pour vous n'a que trop éclaté pour n'être
pas parvenue jusqu'à moi. Mais il n'est
plus temps de feindre, vous allez me connoître. Peut-être par ma bonne-foi, par-
viendrai-je à vous détacher d'un ingrat qui
donne maintenant la préférence à d'autres
attraits.*

A ces mots, Madame de Ménésès saisie,
tremblante, l'écouta sans dire un seul mot.
La Princesse poursuivant ; *je renonce, lui
dit-elle, à toute votre estime par le récit
que je vais vous faire, mais j'en tirerai
peut-être un autre fruit. Apprenez qu'un
penchant malheureux captiva mon cœur,
au premier moment que dom Manuel parut*

à mes yeux. Ce ne fut pas néanmoins ſans combattre que je m'y livrai ; mais il ſurmonta ma raiſon avec tant d'efforts, que je ne pus y réſiſter. Dom Manuel lié des mêmes chaînes, me fit l'aveu d'une paſſion ſi tendre qu'elle fortifia la mienne encore. Enfin il s'attacha à moi par les ſermens les plus inviolables. Voilà, Madame, en peu de mots, la ſituation où nous étions lorſqu'il partit pour les Indes. Dans le ſéjour qu'il y a fait, j'ai eu trop de ſujets de ſoupçonner ſon cœur. Je ſçais qu'il n'a rien négligé pour toucher le vôtre, & je ne puis plus douter qu'il n'y ait réuſſi. Cependant, j'ai des preuves certaines, malgré toutes les extrémités où il s'eſt porté, que ſa paſſion pour vous n'étoit fondée que ſur ſa haine pour dom Joſeph. Cette découverte eſt douloureuſe, je l'avoue, je ſens toute la dureté d'un pareil diſcours ; mais je veux vous guérir d'un amour que dom Manuel ne mérite pas, & je crois vous ſervir en m'expliquant avec vous. Je verrois très-impatiemment ſubſiſter dans votre cœur, un goût qui me gêne. Mais quoi ! ma franchiſe vous ôte-t-elle la parole, ou votre ſilence eſt-il cauſé par la dou-

leur de perdre un Amant trop aimable?

En effet, Madame de Ménésès étoit dans une si grande confusion, qu'elle restoit comme une personne stupide. La Duchesse qui la regardoit avec des yeux enflammés de colere, se fit un plaisir barbare d'observer son trouble. Puis continuant, *il ne suffit pas, Madame,* lui dit-elle, *de ce que je viens de vous apprendre. Je vous dois des preuves dont vous ne puissiez pas douter.* Elle tira alors de sa poche une lettre très-longue qu'elle lui donna à lire. Madame de Ménésès la prit avec le même air d'insensibilité; mais lorsqu'elle reconnut l'écriture de dom Manuel, elle pensa expirer. Cependant elle lut tout bas cette terrible lettre qui commençoit ainsi :

" Tourmenté par les remords les plus
» cuisans, je me jette aux pieds de ma
» belle Princesse, pour lui faire moi-mê-
» me l'aveu de tous mes crimes. Je suis en
» apparence le plus coupable de tous les
» mortels ; mais si elle daigne m'écouter
» avec bonté , peut-être par un récit sin-
» cere, obtiendrai-je un pardon sans le-
» quel je ne puis vivre. A mon arrivée à
» Goa je vis la fille de dom Louis d'Ataï-

» de, je la trouvai belle parce qu'elle l'eſt
» en effet ; peut-être même que ſi mon
» cœur eût été libre , il eût ſenti la puiſ-
» ſance de ſes attraits ; mais plein de l'idée
» charmante d'une beauté divine, j'admirai
» ſimplement Dona Gratia. Les ſentimens
» de dom Joſeph qui furent plus vifs pour
» elle ont été la cauſe de tous mes for-
» faits. Bientôt les ſoins de la guerre occu-
» perent tous nos momens , j'acquis alors
» quelque gloire : dom Joſeph piqué d'ému-
» lation & peut-être de jalouſie , me diſ-
» puta ſi ſouvent les poſtes dangereux &
» les occaſions de ſe diſtinguer, que notre
» intelligence commença à diminuer ; &
» peu après fit place à la haine la plus
» vive «. Dom Manuel dans cette lettre rendoit compte de ſes démêlés avec dom Joſeph , & de ce qui précéda ſon mariage.
Il parloit de ſa jalouſie contre dom Joſeph
avec beaucoup de franchiſe. » Ce ſeul mo-
» tif m'a entraîné, continuoit-il , dans tout
» ce que j'ai tenté pour ſéduire le cœur de
» Dona Gratia , & l'enlever à mon rival ;
» mais ce fut ſans aucun fruit, l'autorité
» du Vice-roi prévalut ſur les ſentimens de
» ſa fille. Le déſeſpoir que j'en conçus ,

” & les instances de mon pere, me por-
” terent à déclarer que voulant m'éloi-
” gner de dom Joseph, qui retournoit en
” Portugal, je resterois aux Indes. Le Vice-
” roi trouva tant davantage à nous voir
” séparés, qu'il m'honora d'un comman-
” dement trop glorieux, pour que je puisse
” me dispenser de l'exercer un certain
” temps. Voilà, ma Princesse, l'état d'un
” malheureux Amant qui ne fera que lan-
” guir loin de vos beaux yeux. Ma since-
” rité me sera peut-être de quelque mérite;
” & je me prosterne encore aux genoux
” de ma divine Princesse, pour obtenir
” grace de sa générosité ".

La lecture de la lettre n'étoit pas encore finie, lorsqu'un grand bruit annonça
le Roi, qui entra brusquement dans la
chambre de la Duchesse. Il la venoit prendre, pour aller chasser sur l'heure un san-
glier monstrueux, dont on venoit de lui
faire le rapport. Ce Prince, dans l'ardeur
qu'il avoit pour cet exercice, ne donna
pas à la Duchesse le temps de se reconnoître. Mais Madame de Ménésès, dans cette
confusion, eut encore assez de présence
d'esprit pour se dérober, tenant dans sa

main cette fatale lettre. Elle courut chez
elle le désespoir dans le cœur. La seule
Olympe fut admise auprès d'elle, mais de
long-temps elle ne pût sçavoir la cause de
son trouble. *Je suis perdue*, disoit cette
femme désolée, *je suis perdue*, & puis elle
en restoit-là. Olympe crut cent fois que la
douleur la suffoqueroit. Enfin s'étant un
peu remise: *Qu'une femme en fureur*,
s'écria-t-elle, est une chose affreuse à voir,
& qu'il est sensible d'être ainsi trahie sans
l'avoir mérité. Je suis donc le jouet d'un
traître, qui me livre par les mensonges les
plus abominables, à une femme emportée
& sans pudeur. Que t'ai-je fait, dom Ma-
nuel ! & par où me suis-je attiré un telle
noirceur ? Tu devines mes sentimens, & tu
en abuses avec la derniere cruauté.

Mais, Madame, dit Olympe, *où vous*
laissez-vous emporter ? Il faut donc t'appren-
dre tous mes malheurs, reprit la Comtesse.
Alors, elle lui fit le récit de ce qui s'étoit
passé entre elle & la Duchesse, & lut tout
haut la cruelle lettre qui faisoit son tourment. Olympe ne pouvoit croire ce qu'elle
entendoit : *Est-il possible*, dit-elle, *que*
tant de méchanceté se trouve dans le cœur

d'un homme si aimable? Mais cette trame ne seroit-elle point imaginée par la jalousie de la Duchesse? Ah! regarde le caractere, reprit Madame de Ménésès en lui donnant la lettre, *il est de dom Manuel, je ne puis m'y méprendre.* Olympe après l'avoir examiné, fut obligée de convenir qu'elle en jugeoit de même. *Cependant,* dit-elle, *je viens d'apprendre des circonstances qui peuvent nous éclairer. Dom Ramire est ici; ce matin on l'a vu sortir secrétement de chez la Duchesse. Dom Ramire à Lisbonne,* s'écria Madame de Ménésès; *ah, juste ciel! mon malheur n'est que trop confirmé; dom Manuel l'a envoyé pour rendre plus sûrement cette fatale lettre à la Duchesse.* En disant ces mots, elle resta dans un morne silence plus funeste que les transports. *Mais,* reprit-elle enfin, *sçavois-tu leur intelligence? Je n'en suis informée que depuis deux heures,* dit Olympe, *par une des femmes de la Duchesse qui est mon ancienne amie; je l'ai si bien tournée,* ajouta-t-elle, *qu'elle m'a appris plusieurs particularités du commerce secret de la Duchesse avec dom Manuel. J'ai sçu que dom Ramire étoit le confident de cette intrigue, &*

qu'avant

qu'avant le départ pour les Indes ; il alloit
souvent chez cette Princesse. Il suffit, dit
Madame de Ménésès, je ne puis plus douter d'une trahison si cruelle. Ma gloire est
donc entre les mains d'une furie. Hélas !
quel usage en fera-t-elle ? l'horreur que ses
transports ont excitée dans mon ame, sera
attribuée par elle au dépit de me voir sacrifiée, & mon silence la confirmera encore
dans ces funestes idées. Abymes affreux !
je ne vois point de fond.

Elle se tourmenta long-temps, sans vou-
loir écouter Olympe qui cherchoit à la
consoler. Cependant, faisant réflexion que
peut-être la Duchesse voudroit retirer de
ses mains la lettre de dom Manuel ; dans
l'envie de garder cette lettre à tout événement, elle imagina de la faire copier par
Olympe. *Ah ! Madame*, reprit cette fille,
gardez-vous de rendre une pareille lettre ;
dites avec fermeté que vous l'avez brûlée,
plutôt que de vous exposer aux inconvéniens qu'elle peut produire. A peine cette
résolution étoit elle prise, que la Duchesse
inquiete à ce sujet, descendit chez Madame de Ménésès en revenant de la chasse.
Sa qualité de Princesse lui fit ouvrir les

K

portes, qui étoient fermées pour toute autre. Elle entra d'un air hardi ; & prenant Madame de Ménésès par la main, elle la conduisit dans un cabinet dont elle ferma la porte elle-même. *Etes-vous guérie, Madame, lui dit-elle, d'un mal auquel j'ai sçu porter de si sûrs remedes ; & m'honorerez-vous enfin d'une réponse ? Vous parlerez, Madame, autant qu'il vous plaira,* reprit Madame de Ménésès avec beaucoup de froideur ; *je suis si peu accoutumée à de pareils discours, que j'ignore ce qu'il y faut répondre. Je vous entends,* reprit la Duchesse en colere ; *mais vous avez eu le temps de vous convaincre, par la lecture de la lettre que vous avez emportée avec tant de vîtesse : ayez la bonté de me la rendre.*

Madame de Ménésès avec la même tranquillité lui répondit, *cette lettre, Madame, ne méritoit que d'être jettée au feu ; c'est l'usage que j'en ai fait : elle étoit si pleine de mensonges que vous devez peu la regretter.* Ce discours surprit & piqua si vivement la Duchesse, que, rouge de fureur, elle fut un moment sans parler. *Vous m'avez manqué de respect,* reprit-elle enfin, *je pourrai m'en souvenir. Cependant*, ajouta-t-elle en prenant un ton plus doux, *mais plein d'ironie, vous sçavez les moyens de désarmer ma colere, & de conserver mon amitié; vous ferez bien de les employer, & de vous garder sur-tout des vaines confidences, que je ne vous pardonnerois pas.* En achevant ces mots, elle sortit du cabinet. Madame de Ménésès sans répliquer, la suivit jusqu'à son carrosse, & après une profonde révérence elle se retira.

L'absence de dom Joseph qui étoit à la campagne, fut une espece de bonheur pour Madame de Ménésès. La présence de son mari l'eût fort embarrassée. Mais comme la Duchesse étoit déja venue chez elle; cette derniere visite ne fit aucun éclat.

Le mariage de dom Joseph avoit comblé de joie dom Alexis de Ménésès; il reçut son fils à son retour des Indes, avec toutes les démonstrations de la plus vive tendresse, & le félicita de tout son cœur, sur un bonheur qui devoit le rendre content pour toujours. Dom Joseph convint avec son pere que sa fortune étoit digne d'envie; cependant dom Alexis crut apperce-

K ij

voir un peu de contrainte dans l'air de dom Joseph, & en prit des alarmes. *Me trom-perois-je mon fils?* lui dit-il en le regardant, *auriez-vous quelqu'embarras? Ah! mon pere,* reprit dom Joseph, *je ne puis vous taire ce qui me gêne. Dom Manuel empoisonne mon bonheur.* Alors, dom Alexis apprit avec beaucoup de douleur, ses démêlés avec son cousin, & les suites de leur jalousie. *La passion de dom Manuel pleine de générosité,* continua dom Joseph, *l'engage à s'éloigner d'ici; son séjour aux Indes n'est fondé que sur ce principe. Soupçonné d'une jalousie indigne de moi, mon rival a tout l'avantage dans cette affaire.*

Dom Joseph dissimuloit le véritable objet de ses peines. La crainte de donner quelqu'impression au désavantage de sa femme, dont la sagesse & la vertu méritoient toute son estime, l'engagea à dissimuler un penchant involontaire, qui faisoit leurs malheurs communs. Dom Joseph en usa de même avec l'Amirante de Portugal sa sœur, qu'il aimoit tendrement. Il se priva d'une consolation qui blessoit la délicatesse de son amour pour une femme trop malheureuse, & qu'il adoroit. Par cette même délicatesse, il supprima avec elle les tendres plaintes qui ne servoient qu'à augmenter leur douleur. Mais pour faire diversion à son chagrin, il s'attacha plus que jamais à la personne du Roi, dont l'humeur guerriere convénoit fort à la sienne.

Sébastien ne respiroit que la guerre; ce goût en lui étoit une passion. Pour contenter ce penchant qui l'entraînoit malgré lui-même, il choisit parmi les habitans de Lisbonne, un certain nombre de citoyens dont il forma un corps d'Infanterie. Il l'exerça lui-même, & résolut de s'en servir à la premiere occasion. Dom Joseph qui étoit toujours auprès du Roi dans tous les exercices de cette nouvelle troupe, donnoit ses avis modestement, & souvent ils étoient suivis. Le Roi charmé de son application, & lui trouvant d'ailleurs beaucoup d'habileté dans le métier de la guerre, lui donna le commandement de ce corps sous ses ordres.

Dom Joseph reçut avec beaucoup de respect & de reconnoissance, un emploi capable de suspendre son chagrin, en lui procurant les occasions de plaire à son

Roi, & d'acquérir de la gloire. Cette nouvelle dignité lui donna tant de soins, que
quoiqu'il eût pour sa femme les attentions
les plus tendres, il en étoit presque toujours éloigné.

Sans blesser son devoir, la Comtesse se
trouva alors dans une liberté entiere de
suivre son goût pour la solitude. Il n'y
avoit point de Cour ; le Roi toujours en
course ou à la chasse, se laissoit voir rarement. La Reine Catherine étoit dans son
Couvent, & la Duchesse d'Aveiro occupée
sans cesse, par sa fureur & par son
amour, sortoit peu de son palais où elle
voyoit très peu de monde. Madame de Ménésès n'alloit point chez elle, & ne lui
rendoit plus que des devoirs publics. Cependant les Seigneurs & les Dames de la
Cour s'assembloient avec plaisir chez
l'Amirante de Portugal, qui, par la bonté
& la gaieté de son caractere, plaisoit infiniment. Elle tenoit un grand état. Antoine
de Portugal Prieur de Crato, qui éprouva
depuis tant de malheurs, s'étoit attaché à
l'Amirante ; elle le recevoit avec liberté,
parce que son mari, sûr de posséder le
cœur de son aimable femme, n'en pre-

noit point d'ombrage. Elle n'eut jamais de paffion pour dom Antoine , & n'en fut même jamais foupçonnée. Cependant les attentions de ce Prince pour elle & pour fon mari , augmentoient encore la confidération, qu'ils méritoient d'ailleurs.

L'Amirante avoit pris un goût infini pour fa belle-fœur ; la douceur & l'agrément de fa converfation l'enchantoient. Elle ne crut pas fon caractere porté à la gaieté comme le fien ; mais la Comteffe avoit l'efprit fi orné , & tant de talens faits pour l'amufement , que l'Amirante trouvoit un charme inconcevable dans fa fociété. Madame de Ménésès lui voua bientôt l'amitié la plus tendre. Qu'il eût été doux à cette malheureufe femme de confier fes peines à la perfonne du monde qui en étoit la plus digne ! l'innocence de fon cœur lui eût ôté toute crainte de la fœur de dom Jofeph. Madame de Ménésès étoit malheureufe, mais elle n'étoit pas coupable. Cependant liée par la loi févere qu'elle s'étoit impofée , elle fe refufa l'aveu d'un penchant , qu'elle eût cru entretenir, en le confiant à fon amie. Elle fouffroit même une peine extrême, lorfque

K iv

l'Amirante lui parloit de dom Manuel.
Inftruite de fes démêlés avec fon frere,
elle en marquoit fa douleur à Madame de
Ménésès, qui y paroiffoit fenfible par rapport à fon mari; mais l'Amirante ne pénétra point qu'elle y pût prendre un autre intérêt.

La conduite de Madame de Ménésès
avec la Ducheffe d'Aveiro, étonnoit l'Amirante. Elle lui parla un jour du refroi-
diffement qui paroiffoit alors entr'elle &
la Ducheffe. Madame de Ménésès toujours
fur fes gardes, lui répondit affez froidement, que l'humeur de Madame d'Aveiro
étoit infiniment changée depuis quelque-
temps; & que les inégalités qu'on éprouvoit de fa part, l'en avoient détachée.
L'Amirante qui étoit douce, & qui s'apperçut que Madame de Ménésès ne vouloit pas s'expliquer, fe contenta de cette
réponfe & crut beaucoup gagner en la
voyant dégoûtée d'une Princeffe, qu'elle
haïffoit naturellement.

En effet, la Ducheffe étoit alors d'une
humeur infupportable; toujours inquiete,
toujours agitée, elle ne goûtoit aucun
plaifir. Son palais reffembloit à un défert.

Occupée sans cesse des moyens de faire revenir dom Manuel à Lisbonne, elle ne songeoit qu'à trouver un prétexte pour engager le Roi à favoriser ses vues.

Un nouveau Vice-roi donna quelqu'espérance à la Duchesse, dom Louis d'Ataïde avoit enfin obtenu son rappel; l'important emploi qu'il possédoit aux Indes, fut brigué par tout ce qu'il y avoit d'Officiers de distinction. Dom Alexis & dom Joseph employerent tout leur crédit en faveur de dom George de Ménésès, dont le mérite & la réputation n'avoient point d'égal: mais la Duchesse qui venoit à bout de tout ce qu'elle entreprenoit, se donna tant de soins, qu'elle fit obtenir la préférence à dom Antoine de Norogna, sur qui elle crut devoir compter. Il avoit déja servi dans les Indes, & son âge avancé qui lui donnoit l'avantage sur dom George, servit de prétexte. La Duchesse dissimula aux yeux du public, l'intérêt qu'elle y prenoit: mais elle ne laissa pas ignorer ses bons offices au nouveau Gouverneur. Pénétré de reconnoissance, il s'attacha plus que jamais à cette Princesse, qui vouloit se servir de lui pour faciliter le retour de son Amant.

Dans cette vue, mais avec adresse, elle infinua à Norogna quelque jaloufie fur la gloire que dom George & dom Manuel s'étoient acquife dans les Indes : elle lui fit fentir que leur crédit pourroit un jour nuire au fien, & que pour fes véritables intérêts, il devoit travailler à leur retour en Portugal : que s'il trouvoit des obftacles du côté de la Cour, *quelques dégoûts*, dit-elle, *donnés à propos aux deux Ménésès dans les fonctions de leurs charges les engageroient à le defirer eux-mêmes. Le pouvoir d'un Vice-roi*, dit-elle, *eft affez étendu pour en fournir les occafions ; & d'ailleurs, ma protection dans ce pays-ci ne vous manquera pas.* Ces difcours répétés avec art, firent tout l'effet imaginable fur l'efprit d'Antoine de Norogna. Loin de foupçonner la malignité de ces confeils, il fçut gré à la Ducheffe de l'intérêt qu'elle prenoit à fa gloire, & lui promit de les fuivre aveuglément. La voie dont cette Princeffe fe fervoit n'étoit pas la plus courte ; mais ne trouvant aucune autre reffource, elle faifit une circonftance qui lui parut favorable ; & dans l'efpérance du fuccès, elle calma pour quelque-temps fon défefpoir.

La Duchesse profita du départ des vaisseaux qui devoient porter le Vice-roi aux Indes, pour écrire à dom Manuel. Ses lettres furent tendres, mais sans emportement; elle lui marquoit l'extrême douleur qu'elle ressentoit de son absence ; elle le conjuroit fortement de revenir en Portugal ; ensuite elle lui parloit de la tendresse extrême de Madame de Ménésès pour son mari & de l'union intime qui paroissoit entr'eux. *Son cœur,* ajoutoit-elle, *est inaccessible à toute autre passion : détruisez pour toujours un amour qu'elle méprise, & dont elle ne pourroit être touchée : profitez, mon cher dom Manuel, d'un pardon que mon cœur a déja signé. Seriez-vous insensible à mon ardeur ? & ne trouverois-je que de l'ingratitude, lorsque je sçais si bien aimer ?*

Elle confia ces lettres à une personne sûre ; & dans l'attente d'une réponse favorable, sa haine pour sa rivale, ne demeura pas oisive à Lisbonne. Elle avoit juré sa perte, mais elle ne vouloit pas agir ouvertement. L'estime que Madame de Ménésès s'étoit acquise dans le monde, par sa vertu & sa bonne conduite, la désespéroit : elle brûloit de la détruire. Préoccupée de ce projet, elle cherchoit un homme de la Cour dévoué à ses intérêts, qui par un éclat indiscret, donnât au public des soupçons contre la sagesse de sa femme.

Le Prieur de Crato se présenta à son esprit ; elle résolut de lui faire jouer ce rôl e tout indigne qu'il étoit. Ce Prince, d'un esprit très médiocre, léger & inconstant, avoit pourtant une ambition démesurée. Ses prétentions sur la couronne de Portugal, parurent. à la Duchesse une voie sûre pour le gagner, en lui faisant envisager des secours, si l'occasion s'en présentoit : dans cette idée, faisant réflexion que la solitude où elle vivoit, devenoit très-contraire à ses projets, elle reprit en apparence cet air de gaieté qui lui seyoit bien, parce qu'il adoucissoit la fierté de sa physionomie : elle se mit plus que jamais dans le goût des fêtes & des spectacles; elle attira du monde chez elle, & parut ne songer qu'à se divertir. Une conduite si nouvelle surprit beaucoup ; mais son rang exigeant des devoirs, bientôt elle se vit environnée de toute la Cour. Le Prieur de Crato qui aimoit les plaisirs, s'accoutu-

ma inſenſiblement à voir ſouvent la Ducheſſe, qui lui en procuroit avec diſtinction.

Ce Prince ne négligeoit pas cependant
l'Amirante, qui avoit pour lui beaucoup
d'égards. Madame de Ménéſès alloit
chez ſa belle-ſœur, auſſi ſouvent que ſa
mauvaiſe ſanté & celle de ſa mere le lui
permettoient. Dom Antoine la trouvoit
belle; pluſieurs fois il lui avoit donné des
louanges ſur ſa beauté; Madame de Ménéſès les recevoit toujours avec beaucoup
de froideur, ainſi que toutes celles qui
lui étoient adreſſées. Son inſenſibilité im-
poſoit un ſilence reſpectueux à tous les
ſoupirans, que ſes charmes lui devoient
attirer. Cependant la Ducheſſe, exactement
informée de ce qui ſe paſſoit chez l'Amirante, entreprit de donner de la hardieſſe
au Prieur de Crato.

Un jour qu'il lui donnoit la main à une
promenade, elle commença à ſonder ſon
cœur; elle lui parla de Madame de Ménéſès; & après avoir loué ſa beauté & les
graces de toute ſa figure: *Prince*, continua-
t-elle, *je ſuis ſurpriſe que ſes attraits ne
faſſent aucune impreſſion ſur votre cœur.*

*Attaché sans aucun espoir à l'Amirante,
ne feriez-vous pas mieux d'essayer le pouvoir de l'amour sur une personne qui paroît si insensible ?* Cette conquête seroit digne de vous. Le Prieur de Crato étonné de ce propos, regarda la Duchesse & lui répondit en plaisantant : *En vérité, Princesse, je ne me sens point capable d'attendrir un rocher ; Madame de Ménésès est parfaitement belle, mais sa froideur éteindroit l'amour le plus vif. Pourquoi vous rebuter ?* reprit la Duchesse, *les femmes de son caractere aiment avec d'autant plus de force, lorsqu'on est parvenu à les toucher.*

Dom Antoine se défendit long-temps, par le peu d'apparence de succès ; mais d'une façon badine, qui persuada la Duchesse que son cœur étoit entiérement libre : elle rêva un moment ; puis reprenant la parole : *Prince, lui dit-elle, seriez-vous capable d'un grand effort ? Peut-être dans la suite pourroit-on vous rendre des services essentiels.* Eh ! Madame, répondit ce Prince, *que pourriez-vous exiger qui fût au-dessus de mon zele pour votre service ?* Alors la Duchesse prenant un ton plus sérieux : *Dom Antoine, lui dit-elle,*

vous aurez un jour à faire valoir des prétentions d'une si grande conséquence, que
vous devez vous faire des ressources. Le
Roi est jeune, mais son goût le porte sans
ménagement, dans les occasions les plus
périlleuses. Si nous avions le malheur de le
perdre, le Cardinal Henri son successeur,
ne vous voulant pas de bien, vous devez
peu compter sur lui : le Trône cependant
dépendra de son choix ; dans cette situation, quelqu'un qui vous remettroit dans
ses bonnes graces, ne devroit-il pas attendre de vous une reconnoissance à toute épreuve? Ah! ciel, s'écria dom Antoine, vous
frappez mon cœur par son endroit sensible ;
oui, Madame, j'exposerai jusqu'à ma propre vie, pour obtenir un tel service ; je sa-
crifierois toute chose au monde..... Eh
bien, interrompit la Princesse, il ne s'agit
plus que de vous livrer à moi sans réserve :
je suis en état de remplir vos vœux auprès
du Cardinal Henri ; vous connoissez ses
égards pour moi. Mais avant que de m'engager, j'exige de vous les sermens les plus
terribles, pour m'assurer de votre foi. Dictez
mes paroles, reprit le Prince, tout me sera
facile.

La Duchesse ne voulut pas continuer; elle craignit qu'une plus longue conversation ne fût remarquée, & d'ailleurs elle vouloit donner au Prince le temps de la réflexion. Mais bientôt après se trouvant en liberté: *Dom Antoine*, lui dit-elle, *êtes-vous toujours dans la même disposition, & puis-je compter sur vous? Oui, Madame*, répondit-il, *ne doutez point de ma fidélité, je brûle d'apprendre les moyens de mériter vos bontés. La matiere est un peu délicate*, reprit la Duchesse en rougissant: *je vais, Prince, vous dévoiler un myftere ignoré de tout le monde, & d'où dépend le bonheur de ma vie; tant de précautions*, ajouta-t-elle, *doivent m'assurer un secret inviolable, quelques suites que cette affaire puisse avoir.*

Le Prince s'étant encore engagé par tous les sermens imaginables: *J'aime*, dit cette Princesse, *& j'aime un ingrat qui me trahit sans remords. Ma rivale a séduit son ame, par une apparence de vertu que je veux démasquer. Il s'agit, Prince, de tout tenter pour vous faire aimer de Madame de Ménésès. Elle est cette rivale que j'abhorre; touchez son cœur, c'est tout ce que*
j'exige

j'exige de vous ; il ne faut rien épargner pour satisfaire le violent desir qui me possede ; je prendrai autant de soins pour votre fortune, que je vous verrai d'ardeur pour servir ma vengeance.

Le Prieur de Crato eut peine à dissimuler la surprise extrême que lui causa ce discours. Cependant sans la faire paroître, il reprit : *mais Madame, Madame de Ménésès aime-t-elle l'heureux mortel qui a sçu trouver le chemin de votre cœur ? J'ai lieu de le croire*, répondit la Duchesse ; *peut-être aurez-vous à détruire en elle une passion vive sans doute, si elle existe. Quoi qu'il en soit, mes intentions vous sont connues, Prince, c'est à ce prix que je vous offre mes soins auprès du Cardinal Henri.*

Ce dernier point touchoit seul le Prieur de Crato ; la vue d'un trône qu'il pouvoit obtenir par le crédit de la Duchesse, qui en effet étoit toute puissante sur l'esprit du vieux Prince, le réduisit sans hésiter à jouer un si indigne personnage. Il en donna à la Princesse toutes les assurances possibles ; & après être convenu qu'il ne changeroit point de conduite avec l'Amirante, il sortit pour rêver aux moyens

L

d'exécuter ce projet, qui n'étoit pas sans difficultés.

Il s'y prit d'abord avec assez d'adresse. Dès le soir même trouvant Madame de Ménésès chez l'Amirante, il la regarda deux ou trois fois, avec cette sorte d'attention qui embarrasse une femme modeste : Madame de Ménésès, avec sa douceur ordinaire se contenta de baisser les yeux. Le Prince continua la manœuvre pendant plusieurs jours, & cette aimable personne sans rien perdre de sa tranquillité, s'en tira toujours de la même façon ; mais jugeant que par cette voie il n'avanceroit pas ses affaires, il imagina un ton léger & badin qui, sans l'offenser, autorisât ses galanteries. *En vérité Madame,* lui dit-il un jour assez brusquement, *vous avez un défaut trop essentiel pour une personne aussi parfaite que vous l'êtes.* Cette saillie étonna Madame de Ménésès, qui ne put s'empêcher de sourire, & de lui demander avec quelque vivacité, quel étoit ce défaut qui l'avoit tant frappé. *Votre froideur, Madame,* dit le Prince, *détruit si bien tous vos charmes que je veux tout tenter pour la vaincre ; oui, je veux m'attacher à*

*suivre vos pas , je veux être votre Amant ,
& malgré votre insensibilité , je m'y prendrai
si bien , que vous serez obligée de m'écouter. Cette entreprise me paroît bisarre ,* dit
Madame de Ménésès en riant ; *mais pour
répondre avec franchise , je crois, Prince ,
que ce jeu pourroit me fatiguer beaucoup ,
& vous causer à vous-même un cruel ennui.
Non , non , ma sœur ,* interrompit l'Amirante , *il faut que le Prince exécute son
projet.* Toute la compagnie se joignit à
elle , & se fit un amusement de cette idée.
Madame de Ménésès fut obligée de souffrir
cette plaisanterie , qui lui parut alors peu
dangereuse.

Dom Antoine ne perdit aucune occasion de la voir, & de lui dire des choses
galantes en public. Il avoit pour elle toutes les attentions d'un Amant passionné ;
mais peu à-peu se flattant de ne lui pas
déplaire , il s'enhardit , & risqua l'aveu
d'une passion qui, sous l'apparence d'un
jeu , n'étoit, disoit-il, que trop sérieuse ; il
lui jura qu'il brûloit secrétement d'un feu
qu'il ne pouvoit plus lui dissimuler. Madame de Ménésès désespérée de s'être laissé
engager trop avant , soutint tant qu'elle

put le ton de plaisanterie ; mais le Prince poursuivant toujours, elle craignit que sa gloire n'y fût intéressée. Elle lui dit fort sérieusement qu'elle ignoroit le but de ses discours, qu'elle les avoit écoutés jusqu'alors par complaisance pour sa belle-sœur, mais qu'ils commençoient à lui déplaire, & qu'elle le prioit de les cesser entiérement. *Ah ! Madame*, reprit le Prince, *cet effort ne dépend plus de moi ; mes yeux n'ont pu voir tant de charmes & laisser mon cœur tranquille ; il n'est plus en mon pouvoir de ne vous pas adorer.*

Madame de Ménésès outrée d'un discours si hardi, s'éloigna brusquement, & lui jetta un regard si plein de courroux, que, quoiqu'il fût préparé à toute sa colère, il en fut embarrassé. Cependant il ne s'agissoit pas de s'arrêter en si beau chemin ; il cessa toute plaisanterie chez l'Amirante ; mais d'accord avec la Duchesse, il affecta un air sombre & chagrin qui servit bien mieux leurs pernicieux projets. Pour éviter la présence de dom Antoine, Madame de Ménésès ne vint plus que fort rarement chez sa belle-sœur. Le Prince rendit aussi ses visites bien moins fréquentes., & par-tout où on le recontroit il avoit toujours l'air occupé ; tout étoit devenu mysterieux dans sa conduite, il étoit quelquefois des jours entiers sans paroître. Madame de Ménésès ne sortoit alors de chez elle, que pour aller chez la Comtesse d'Atougia qui étoit toujours fort malade ; elle ne paroissoit plus dans le monde : maîtresse absolue dans sa maison par l'absence de dom Joseph, elle jouissoit d'une entiere liberté. On soupçonna bientôt le changement de deux personnes qui s'éclipsoient en même temps ; plusieurs Dames de la Cour, jalouses de la vertu & de la haute réputation de Madame de Ménésès, se firent un plaisir d'en raisonner malignement. La Duchesse jouissoit délicieusement du fruit de ses soins, lorsque dom Antoine par ses ordres, mit le comble aux malheurs de cette victime de la jalousie.

Depuis quinze jours dom Joseph étoit à une journée de Lisbonne avec le Roi. Incertain de ses marches, jamais son retour n'étoit annoncé ; mais la Duchesse qui avoit des espions par-tout, sçut à point nommé le moment où dom Joseph devoit revenir chez lui. Elle en avertit dom Antoine , & le preſſa vivement de ne plus différer de ſervir ſa vengeance : leurs meſures étoient ſi bien priſes , qu'elle ſe crut ſûre du ſuccès.

A minuit , lorſque dom Joſeph, rentré chez lui , traverſoit tout ſeul une garde-robe intérieure qui communiquoit de ſon appartement à celui de ſa femme , il apperçut à la lueur d'une lampe de cryſtal qui y brûloit toujours , un homme qui faiſoit mine de ſe cacher derriere un coffre. Dom Joſeph courut ſur lui & le ſaiſit par le bras ; mais avec une ſurpriſe extrême reconnoiſſant le Prieur de Crato : *Prince,* lui dit-il en reculant trois pas , *quels ſont donc vos projets ?* Le Prince affectant un extrême embarras : *ne me perdez pas,* répondit-il , *la Comteſſe nous entendroit, elle n'eſt point endormie.* Que veut dire ceci, reprit dom Joſeph fort échauffé. *Parlons-bas* , repliqua le Prince , *je ſuis ici pour une de ſes femmes dont je ſuis éperdument amoureux.* Dom Joſeph troublé d'une pareille aventure , ne ſçavoit qu'en croire , & s'il devoit ſe contenter d'une défaite auſſi haſardée. Mais ſa prudence ne l'abandonna pas ; & diſſimulant ſon inquiétude :

Seigneur, repliqua - t - il au Prince, *cette espece de galanterie est poussée un peu loin; trouvez-bon, s'il vous plaît, que j'aie l'honneur de vous reconduire; Madame de Ménésès auroit lieu d'être très-offensée si elle vous sçavoit chez elle à une heure aussi indue: je me garderai bien de l'en instruire.* En disant ces paroles, il le fit sortir par une porte de dégagement, très-irrité de l'entreprise du Prince, dont le motif à son gré n'étoit pas bien décidé.

Madame de Ménésès à peine retirée, reconnut distinctement la voix du Prieur de Crato & celle de son mari. Incertaine autant qu'inquiete de l'objet de cette rencontre, elle délibéroit sur le parti qu'elle devoit prendre, lorsque, le bruit cessant tout-à-coup, Olympe entra dans sa chambre, & lui confirma une aventure si extraordinaire. *Dom Joseph,* dit Olympe, *vient de sortir de votre garde-robe avec le Prieur de Crato, ils descendent l'escalier dans un morne silence. Que doit-on penser d'un événement aussi bisarre? Il confond ma raison,* reprit Madame de Ménésès, *mais avant tout, il faut voir dom Joseph.* Elle se fit habiller, & passant par cette fatale garde-

L iv

robe, elle se présenta à la porte de la chambre de son mari qu'elle trouva fermée. Elle y frappa doucement plusieurs fois, mais envain, on ne répondit point. *Ah, ciel! serois-je soupçonnée*, s'écria-t-elle en pleurant. Confuse & désespérée, elle regagna son appartement, & passa la nuit avec Olympe, dans un état qui ressembloit à une douloureuse agonie.

Dom Joseph, après avoir reconduit le Prince, se renferma tout seul dans son cabinet, avec ordre à ses gens de ne répondre à qui que ce fût. Trop agité encore il passa une nuit cruelle & balança long-temps sur le parti qu'il avoit à prendre; mais enfin il se détermina, à sortir de chez lui à la pointe du jour, sans voir sa malheureuse femme pour laquelle il laissa un billet, qui contenoit ce peu de mots: « Je suis trop agité, Madame, pour pou- » voir paroître devant vous : je veux don- » ner à mon cœur le temps de se rassurer: » ne craignez point cependant un éclat » indigne de moi. Je pars pour la campa- » gne; la situation de Madame votre mere » me rappellera, si mes soins lui sont né- » cessaires ; d'ailleurs le temps seul peut

» éclaircir un funeste mystere, qui porte
» à mon cœur les plus sensibles coups ».

On ne peut dépeindre l'effet cruel que
ce billet fit sur Madame de Ménésès ; elle
voulut courir une seconde fois à l'appartement de son mari , mais il étoit déja
sorti. Abymée dans sa douleur , elle rentra
dans le sien , la mort peinte sur son visage.

Dom Joseph s'étoit rendu au palais , pour
obtenir du Roi un congé de quinze jours,
sous prétexte d'affaires pressantes dans ses
terres. Il desiroit passionnément de trouver
dom Antoine au lever de Sa Majesté , il
vouloit lui parler avant son départ ; cependant il ne sçavoit pas bien comment il s'y
prendroit avec ce Prince ; son rang s'op-
posoit à une réparation d'usage entre gens
d'une condition égale : au reste , sage &
prudent , il souhaitoit avec beaucoup d'ardeur d'éviter tout éclat , si son honneur le
pouvoit permettre.

Dom Antoine ne paroissant point chez
le Roi , dom Joseph se rendit chez l'Amirante sa sœur , il se flattoit encore d'y joindre le Prince qui ne s'étoit éloigné de chez
l'Amirante que depuis son départ. Tranquille en apparence , il apprit à sa sœur

qu'il retournoit à la campagne pour ses affaires particulieres. Mais s'impatientant de ne pas rencontrer ce qu'il cherchoit, il demanda à l'Amirante si dans la journée elle ne verroit pas le Prieur de Crato. *Je n'en sçais rien*, répondit-elle; *ce Prince depuis quinze jours nous néglige beaucoup, & les visites dont il nous honore sont devenues très-peu fréquentes.*

Ce discours ne plut point à dom Joseph, qui avoit déja reçu des reproches de sa sœur sur la retraite austere de Madame de Ménésès. Mais sans repliquer à ce sujet, & de très-mauvaise humeur, il prit congé de l'Amirante, & se rendit chez la Duchesse d'Aveiro, toujours dans l'envie de trouver le Prince, & de chercher des lumieres dans sa contenance.

La Duchesse instruite de ce qui s'étoit passé dans la nuit, lui fit mille caresses, & lui dit d'un air fort naturel: *Ne m'apprendrez-vous point, dom Joseph, quelles sont les importantes affaires du Prieur de Crato; depuis environ quinze jours il néglige tous ses amis; il est sans cesse occupé sans que l'on puisse pénétrer où il passe son temps: hier il me vint voir un moment;*

j'employai tout pour l'engager à souper avec moi ; mais il s'en excusa sur sa mauvaise santé qui l'obligeoit , disoit-il, à se retirer chez lui de bonne-heure. Ce dernier trait confondit dom Joseph ; *j'ignore, Madame*, répondit-il froidement, *les démarches du Prieur de Crato. J'arrivai hier de la campagne avec le Roi, & j'y retourne tout-à-l'heure pour mes propres affaires.*

Dom Joseph eut beau masquer son trouble avec beaucoup d'étude, il n'échappa pas à la Duchesse, qui en triompha intérieurement. Hors de lui même , il sortit de chez cette Princesse , & partit seul sur le champ pour aller dans une de ses terres , dévorer à loisir le mortel chagrin qui l'accabloit.

Dès qu'il fut en liberté il se livra aux réflexions les plus sérieuses. Eloignant d'abord tout préjugé, il pesa la sage conduite de sa femme jusqu'à ce moment, avec les écarts dont il la soupçonnoit. Il repassa avec une attention scrupuleuse, toutes les circonstances de cette bisarre aventure ; & comme il étoit plein d'équité & de raison , une partie de la vérité se découvrit à lui. Sans pénétrer la méchanceté de la Duchesse d'Aveiro dont il n'avoit nulle idée, il jugea tout simplement que le Prïeur de Crato étoit amoureux de sa femme; que, piqué de sa retraite, il avoit tenté une démarche, dont la témérité trop excessive, justifioit pleinement Madame de Ménésès, sa prudence ne pouvant s'être oubliée jusqu'à ce point. Maîtresse absolue dans sa maison, eût-elle risqué une entre-vue nocturne capable de la perdre? *Ah! ç'en est fait,* dit dom Joseph, *je veux écarter pour jamais toute réflexion au désavantage d'une personne, trop vertueuse pour être soupçonnée. Ma colere ne doit plus tomber que sur le Prince, & ma vengeance éclatera.........Mais, que dis-je? un noble mépris ne me servira-t-il pas mieux.* Il s'arrêta à cette idée; cependant il voulut attendre des nouvelles de Lisbonne avant que d'y retourner.

Dom Pedre devoit l'éclaircir sur une matière si intéressante, & dont le secret n'avoit été confié qu'à lui. Cet homme avoit élevé dom Joseph, & plein de zele pour lui, il étoit devenu son ami. Il s'étoit chargé de rendre à Madame de Ménésès, le fatal billet que son mari lui avoit écrit en partant, & d'inſtruire dom Joſeph des démarches de cette malheureuſe perſonne pendant ſon abſence. L'état de la Comteſſe d'Atougia, entroit auſſi dans les nouvelles que dom Joſeph attendoit de dom Pedre.

Il ne tarda pas, au bout de quelques jours il ſe rendit auprès de dom Joſeph, & lui préſenta une lettre de Madame de Ménéſès qui contenoit ces mots :

« Pénétrée de la plus vive douleur, je » vous apprends le déplorable état de ma » mere ; la ſituation où vous me réduiſez » par votre abſence n'eſt pas moins cruelle. » Nous abandonnerez-vous l'une & l'au- » tre ? & dans les horreurs où je me vois » plongée, aurez-vous la rigueur de me » ſacrifier à la plus injuſte de toutes les » préventions ? Dom Pedre vous dira le » reſte. Je me meurs ».

Cette lettre toucha ſenſiblement dom Joſeph ; & déterminé à partir ſur le champ, il ne différa que pour s'informer de ce qui s'étoit paſſé depuis ſon départ.

Je ne puis vous exprimer, lui dit dom Pedre, le ſaiſiſſement dont Madame de Ménéſès fut frappée en liſant le cruel billet que je lui remis de votre part. Une pâleur mortelle couvrit d'abord son visage, & malgré sa foiblesse, elle se mit en devoir de vous aller chercher dans votre appartement; je l'arrêtai en lui apprenant qu'il n'étoit plus temps. Ah! trop cruel époux, s'écria-t-elle, à quel supplice me condamnez-vous par trop de vivacité! un moment eût expliqué ce funeste mystere. Après ce peu de mots, elle resta dans une sombre rêverie, suivie d'une pamoison qui nous fit craindre pour sa vie. Aussi troublé qu'elle, je me reprochois le cruel service que vous aviez exigé de moi. Mais, reprit-elle enfin, il faut voir dom Joseph, où est il allé, dom Pedre? Je suivis encore vos ordres, avec une barbarie dont je ne me serois pas cru capable; je refusai de l'instruire, & par mon silence je la plongeai dans une douleur qui me pénétroit jusqu'au fond de l'ame.

Elle appella Olympe: je veux, lui dit-elle, aller sur le champ chez ma mere, pour ne plus revenir ici qu'avec dom Joseph. Mais, que dis-je? la mort que sa cruauté me fait desirer, me délivrera bientôt d'un tourment si rigoureux. Elle prononça ces mots avec une tranquillité qui me fit frémir. Elle partit avec le même courage. Je ne l'ai point quittée chez Madame d'Atougia, qui depuis hier est dans un grand danger. La vie de Madame de Ménésès est presqu'aussi menacée : dans cet état je n'ai pu lui refuser de vous rendre ce billet. Ah ! ç'en est trop, interrompit dom Joseph, allons au secours d'une femme que j'adore, & qui sans doute ne mérite pas mon injustice.

Il partit, & fut introduit dans la chambre de Madame d'Atougia, au moment qu'elle venoit de rendre le dernier soupir. Ah! dom Joseph, s'écria Madame de Ménésès, j'ai tout perdu, votre estime & ma mere! Mille sanglots lui couperent la parole; ses longs gémissemens mêlés avec ceux des gens de la Comtesse, rendoient insupportable le lieu où ils étoient : cependant Madame de Ménésès ne pouvoit se résoudre à en sortir. Dom Joseph, désespéré, se jetta à ses genoux : non Madame, lui dit-il, vous n'avez point perdu mon estime; vous retrouvez en moi un époux qui n'a point cessé de vous adorer. Mais de grace, sortons de ce lugubre lieu, il augmente encore votre douleur. Non, non, repliqua-t-elle ; ne m'arrachez point à ma douleur, elle doit vous délivrer d'un objet que vous ne pouvez plus aimer, puisque vous l'avez soupçonné. Dom Joseph trop attendri pour répondre à ce cruel discours, la prit par le bras & la conduisit dans l'appartement qu'elle occupoit chez sa mere. Les pleurs de cette malheureuse femme continuoient avec la même violence, & son mari touché jusqu'à verser des larmes, ne négligeoit rien pour la consoler. La bouche attachée sur une de ses mains, il lui fit voir tant d'amour, qu'enfin rassurée par de si tendres caresses, elle commença à se calmer.

Que nous nous sommes causés de tourmens l'un à l'autre, dit-elle, en regardant tendrement son époux ; mais enfin, qui peut vous avoir éclairé sur un événement trop funeste, & qui devoit me donner la mort ? Mon estime pour vous, répondit dom Joseph, & le peu de vraisemblance que vous fussiez d'accord avec le Prince ; cela m'a suffi ; je ne sçais rien de plus. Alors Madame de Ménésès rappellant son courage : écoutez-moi, dom Joseph,

lui

lui dit-elle, un peu moins de précipitation de votre part nous eût épargné bien des maux. Votre abſence a cauſé tous nos malheurs ; une confidence ſincere de la mienne nous les eût fait éviter, mais vous m'en avez dérobé les moyens. Elle lui apprit enſuite ce qui s'étoit paſſé chez l'Amirante, & la déclaration hardie du Prieur de Crato. Indignée, continua-t-elle, de ce téméraire aveu, j'évitai le Prince, je n'allai preſque plus chez l'Amirante, ſans oſer néanmoins lui en dire les raiſons, & je pris le parti de ne plus ſortir de chez moi, que pour venir chez ma mere, cette tendre mere, qui me coûte aujourd'hui tant de larmes. J'ignore l'effet de ma re-traite ſur dom Antoine ; je préſume qu'il a employé ce temps à ſéduire un de mes gens, pour l'introduire dans cette fatale garde-robe ; mais permettez-moi de n'aller pas plus loin, cette entrepriſe me cauſe trop d'horreur, & je jure.... Ah ! Mada-me, interrompit vivement dom Joſeph, la connoiſſance de votre vertu me ſuffit ſans exiger des ſermens. Notre parfaite intelligence, aux yeux d'un Prince témé-raire, punira ſes attentats, & lui ôtera

M

tout espoir. Votre deuil, au reste, vous oblige à la retraite pour quelque temps; mais j'exige que vous reparoissiez dans le monde avec tous vos charmes; votre sagesse est un rempart assuré contre leur puissance, & rien ne troublera jamais ma tranquillité sur ce point.

Tant de bontés comblent mes vœux, reprit Madame de Ménésès; ce bien seul pouvoit adoucir la perte douloureuse que je viens de faire. Mais, dom Joseph, ne m'abandonnez plus, j'ai besoin de votre présence, elle fera tout mon bonheur. Ce tendre époux, charmé d'une priere qui flattoit son ame avec tant de douceur, lui jura qu'il étoit prêt à tout sacrifier pour lui plaire; que la crainte de l'importuner l'avoit souvent éloigné d'elle; mais qu'il passeroit à ses genoux, les plus doux momens de la vie, puisqu'elle paroissoit le desirer.

Madame de Ménésès, sentoit pour dom Joseph cette amitié tendre qui differe peu de l'amour, & si elle eût disposé de son cœur, elle se seroit livrée sans réserve, à un mari qui méritoit toute sa tendresse; mais, malgré elle, dom Manuel y régnoit en vainqueur. La trahison dont elle l'accusoit, ne diminuoit rien de la force de sa passion, & sa raison qui parloit en faveur de dom Joseph, ne pouvoit lui donner la préférence. Cependant, toujours maîtresse d'elle-même, plus elle sentoit de goût pour dom Manuel, plus elle marqua de tendresse à son mari, se flattant sans cesse que son cœur se soumettroit. Elle lui parla d'une façon si touchante, que dès ce moment il oublia tous ses chagrins, & se crut le plus heureux de tous les mortels.

Après avoir rendu à la Comtesse d'Atougia, tous les devoirs que l'amitié la plus tendre peut exiger, ils abandonnèrent cette triste maison. Dom Joseph ne quittoit plus Madame de Ménésès que pour aller faire sa cour; tous les momens qu'il passoit éloigné d'elle, lui paroissoient des siècles. Ce changement déconcerta la Duchesse & le Prieur de Crato; mais ils dissimulèrent leur dépit; & dom Joseph parut si tranquille, qu'ils se trouvèrent forcés de le paroître aussi. Cependant la jalouse fureur de la Duchesse n'étoit pas éteinte.

Bientôt après, Monsieur & Madame de

Ménésès furent comblés d'une joie sincere, par l'arrivée de dom Louis d'Ataïde ; il débarqua dans le port de Lisbonne, au bruit des acclamations de toute la ville. Sa fille & dom Joseph accoururent au devant de lui ; leurs embraffemens furent touchans, & accompagnés de pleurs, que la douleur & la joie caufoient tour-à-tour. Le plaifir de fe revoir céda, pour quelques momens, aux regrets dûs à une époufe & à une mere, également chérie par fon époux & par fa fille.

Mais, au milieu d'une douleur fi jufte, dom Louis fut obligé de fe rendre à la Cour, où il fut reçu avec une diftinction fans exemple. Le Roi fit quelques pas au devant de lui, lorfqu'il entra dans fon cabinet ; il le fit placer fous un dais, & lui donna un appartement dans le Palais, faveur prefque unique. Dom Louis, & toute fa famille, furent extrêmement fenfibles à ces honneurs, qui diftinguoient leur maifon d'une façon fi éclatante.

Dans ces circonftances, la Duchefse d'Aveiro ne put fe difpenfer de donner des marques d'attention à dom Louis. Elle lui rendit une vifite dans fon appartement

du Palais, où, après les complimens convenables, pousſée par une curioſité qu'elle
ne put vaincre, elle lui demanda des
nouvelles de dom Manuel. Dom Manuel,
répondit dom Louis, eſt un Cavalier ac-
compli; je ſuis enchanté des grandes qualités qui brillent dans toute ſa perſonne,
& ſi ſa ſanté étoit moins foible, rien ne
réſiſteroit à ſa valeur, comme tout cede
aux graces de ſon eſprit. Mais, reprit
la Ducheſſe en cachant ſon trouble, qui
peut ainſi altérer ſa ſanté? Je l'ignore, dit
aſſez froidement dom Louis; envain j'ai
tout tenté pour le ramener à Lisbonne;
il s'obſtine à reſter aux Indes, malgré les
inſtances de dom George, qui ſacrifieroit
ſa propre vie pour la conſervation d'un
fils ſi cher. Il faut, dit malignement la
Ducheſſe, que dom Manuel ait de fortes
raiſons qui l'éloignent de ce pays-ci. Elle
ſe leva en diſant ces mots; le dépit qu'elle
ſentoit, l'obligea à terminer ſa viſite; elle
ſortit de chez dom Louis la rage dans le
cœur, & roulant mille projets dans ſa
tête, pour la perte d'un rivale qui devoit
à ſa vertu la tranquillité dont elle paroiſſoit jouir.

M iij

Dès que dom Louis eut satisfait à un cérémonial indispensable, l'envie de se renfermer dans sa famille pendant le temps de son deuil, l'engagea à se retirer avec dom Joseph & sa fille à une demi-lieue de Lisbonne, dans une jolie maison nommée Ternaès, qu'il leur avoit donnée : ce lieu charmant, par sa situation, étoit embelli de tout ce qui peut décorer une délicieuse demeure. Ce fut là qu'en liberté, dom Louis marqua à sa fille & à son gendre, la tendre amitié qu'il leur conservoit. La Comtesse, toujours inquiete au fond de son cœur, n'osa jamais nommer dom Manuel à son pere ; dom Louis n'en parla devant elle qu'avec beaucoup de précautions, mais dom Joseph s'informa très-curieusement d'un homme qu'il avoit si tendrement aimé, & pour lequel, bien loin d'avoir de la haine alors, il sentoit une admiration qui le disposoit à une amitié sincere.

Les éloges de dom Louis, sur le compte de dom Manuel, confirmerent encore dom Joseph dans ses sentimens. Il parla à cœur ouvert à son beau-pere ; il lui avoua les mouvemens de jalousie dont il avoit été tourmenté : mais dans ce moment, ajouta-t-il, la vertu de votre aimable fille m'est si bien connue, que je contribuerois de tout mon cœur au retour de mon rival, si mes soins pouvoient le ramener à Lisbonne. Ils seroient inutiles, reprit Ataïde ; affecté par une passion sans espoir, je crains tout pour ses jours.

Le beau-pere & le gendre déplorerent une destinée d'autant plus malheureuse, qu'il n'y avoit aucun remede. Ils en étoient occupés tristement ; mais d'ailleurs satisfaits & charmés de se retrouver ensemble, ils préféroient le plaisir d'être à la campagne, à tout l'éclat de la Cour. Depuis long-temps, Madame de Ménésès n'avoit goûté autant de douceur ; la présence de son pere, soulagèoit peu-à-peu la perte d'une mere qu'elle avoit aimée tendrement : l'idée de dom Manuel n'étoit pas effacée, mais son devoir & sa reconnoissance l'attachoient si sincérement à dom Joseph, qu'elle se flattoit que la paix dont elle jouissoit, triompheroit enfin d'une malheureuse passion qu'elle éloignoit avec tant de soins. Hélas ! ces tranquilles momens n'étoient pas faits pour

M iv

elle ; le sort lui réservoit des malheurs qu'elle ne tarda pas d'éprouver.

Trois mois s'étoient à peine écoulés depuis le retour de dom Louis, qu'il fut mandé à la Cour avec dom Joseph. Le Roi sans cesse occupé de son voyage d'Afrique, leur déclara que tout étant disposé pour cette expédition, il nommoit dom Louis, Général de ses troupes, & dom Joseph, Commandant de la nouvelle Milice, qui devoit le suivre à Tanger, & qu'il fixoit son départ à pareil jour dans un mois. Cet ordre fut pour dom Joseph un arrêt de mort : plus amoureux de sa femme que jamais, & plein d'espérance de toucher un cœur qui s'étoit si long-temps défendu, il ne pouvoit s'accoutumer à l'idée de s'en éloigner. Il annonça cette terrible nouvelle à sa femme, d'un air si passionné & avec tant de marques de douleur, que la Comtesse, sincérement attendrie, ne put lui répondre que par des larmes. Elle sentit d'ailleurs à quoi elle alloit être exposée par l'absence de son pere & de son mari. Instruite, par une voie secrete, des odieux projets de la Duchesse & du Prieur de Crato, & de leur intelligence pour sa perte, elle se voyoit sans défense. Mais trop prudente pour informer son mari de la haine de la Duchesse, & du motif qui animoit cette Princesse contre elle, elle renferma dans son cœur une si juste crainte, & ne laissa voir à dom Joseph qu'une douleur, qu'il ne pouvoit attribuer qu'à leur tendre & réciproque amitié.

L'expédition que le Roi alloit entreprendre, n'étoit pas du goût de la nation Portugaise. Le Duc d'Aveiro, dom Louis d'Ataïde, dom Alexis de Ménésès, & tous les principaux Officiers, représenterent au Roi les inconvéniens de ce voyage ; ils alléguerent les raisons les plus solides pour le détourner d'exposer sa personne Royale dans un pays barbare avec un petit nombre de troupes. Mais Sébastien, plein d'idées chimériques, résista à tous les avis contraires à ses volontés, & le jour de l'embarquement étant arrivé, il fallut partir.

Dom Joseph sentoit pour ce départ une répugnance qu'il ne pouvoit vaincre. Né avec un goût infini pour la guerre, il s'étonnoit de l'état de son ame, & n'attribuoit qu'à sa passion pour la Comtesse, un trouble aussi extraordinaire. Insensible, disoit-il, lorsque je partis pour les Indes, la gloire seule régnoit dans mon ame. Quel changement, ô ciel ! mon cœur éprouve en ce jour ! il frémit d'un honneur qui devroit combler mes vœux. Aimable Dona Gratia, voilà l'effet de vos attraits. Charmé de posséder un cœur que je dois à la vertu, le mien ne peut plus goûter que ce bonheur.

Trop attendris l'un & l'autre, ils se regardoient la douleur peinte dans leurs yeux, mais d'une façon si tendre, que l'ame la plus dure en eût été touchée. Il faut donc nous séparer, dit ce malheureux époux au moment de son départ : quelle cruauté barbare ! mais, Madame, ajouta-t-il, si mon triste sort me condamne à ne vous plus revoir, n'oubliez jamais un mari, qui a pour vous une passion si véritable, que la jalousie avec toutes ses fureurs n'a pu l'altérer, & qui vous quitte avec la plus haute opinion d'une vertu trop rare pour n'être point adorée.

La Comtesse qui n'avoit pas la force de lui répondre, lui tendit une main tremblante, qu'il baisa avec un transport si vif, que dom Louis qui étoit présent, ne put retenir ses larmes. Il arracha son gendre, & après avoir embrassé sa fille, qu'il laissa presque mourante entre les bras de ses femmes, il emmena dom Joseph à demi-suffoqué par l'excès de sa douleur. Le vent étant favorable, on mit à la voile le jour même, & la flotte mouilla bientôt à la vue de Tanger, après une navigation très-heureuse.

Madame de Ménésès, désolée du départ d'un mari si digne de ses regrets, fut quelque temps sans demêler l'état de son cœur. Son imagination entiérement occupée d'une douleur si juste, lui retraçoit sans cesse l'image de dom Joseph en pleurs. Privée d'un pere & d'une mere, dont la tendresse eût adouci ses peines, elle restoit sans appui. Dans cette triste situation, elle se détermina à quitter Lisbonne, & à renfermer dans sa maison de Ternaès, une douleur qu'elle ne pouvoit contraindre.

Sur le point de partir pour s'y rendre, dom Ramire demanda à lui parler de la part de Madame d'Aveiro. Le nom de Dom Ramire la fit tressaillir; elle eut horreur de la présence d'un homme, dont elle soupçonnoit la trahison. Un message de la Duchesse la faisoit trembler ; mais le respect dû à cette Princesse l'obligeoit à le recevoir. Depuis quand, dom Ramire, lui dit-elle fiérement, êtes-vous aux ordres de Madame la Duchesse ? Ce méchant homme, embarrassé du ton imposant d'une femme, qu'en effet il avoit trahie, parut déconcerté d'abord ; mais se remettant avec hardiesse : je n'ai quitté les Indes , lui répondit-il , qu'avec l'aveu de dom Manuel : des affaires importantes m'appelloient à Madrid ; mais Madame la Duchesse a exigé que je passasse quelque temps à Lisbonne : c'est par ses ordres que j'ai l'honneur de vous remettre ce paquet.

Madame de Ménésès effrayée, l'ouvrit avec tant d'attention que dom Ramire eut le temps de s'échapper , sans qu'elle y prît garde. Quelle fut hélas! la douleur de cette malheureuse personne , lorsqu'elle lut ce qu'il contenoit. Un billet de la main de la Duchesse s'offrit d'abord à sa vue , il étoit en ces termes :

» Dom Manuel a disparu de Goa sans » faire part de ses projets au Vice-roi ; » j'ignorerois son sort , si cette lettre qui

» m'a été rendue mal-à-propos, ne m'avoit
» inftruite. Jouiffez, Madame, de la dou-
» ble perfidie d'un Amant, dont la fincérité
» mérite toute votre eftime.

La Duchesse d'Aveiro.

Ah ! ciel, s'écria Madame de Ménésès,
ferai-je toujours en bute aux traits empoi-
fonnés de cette Princeffe? Elle prit en même temps la feconde lettre avec un tremblement univerfel ; mais fes yeux fe rem-
pliffant de larmes en reconnoiffant le caractere de dom Manuel, ils lui refuferent
le pouvoir de la lire. A demi-évanouie
dans fon fauteuil, elle n'avoit plus la
force de penfer : la voix d'Olympe qui
entra dans fa chambre la rappella à elle-
même. Que vois-je, Madame, lui dit cette
fille ! éprouveriez-vous de nouveaux malheurs ? Cent fois plus cruels que tu ne
peux les imaginer, reprit Madame de Ménésès ; mais ma foibleffe a befoin de ton
fecours pour en connoître toute l'étendue,
acheve de me percer le cœur, en me lifant
ces funeftes lettres.

Olympe, prefqu'auffi tremblante que fa
Maîtreffe, commença par le billet de la
Ducheffe, & fans s'arrêter, elle lut la let-

tre de dom Manuel qui commençoit ainsi:

« C'en est fait, charmante Dona Gratia,
» je cede à votre adorable lettre. Toute la
» fureur d'une Amante irritée ne peut plus
» rien sur mon ame , je vous la sacrifie
» sans retour. Assez généreuse pour me
» pardonner mes perfidies, je veux détester
» mon crime à vos genoux. Le triomphe
» de mon rival anima ma vengeance aux
» Indes , j'ai voulu braver vos attraits : mais
» qui pourroit résister à cette charmante
» douceur dont vous daignez me combler?
» Dévoré par des remords insupportables,
» & prêt à succomber au plus mortel cha-
» grin, je quitte un pays où tout vous rap-
» pelle à mon triste cœur, sans espérance
» de vous y voir. Je vais me rapprocher
» de vous, & vous seule serez informée de
» mes projets , qui n'auront d'autre but ,
» que l'envie de vous prouver un amour
» fidele & tendre ».

Juste ciel ! s'écria Olympe....... Trop
saisies l'une & l'autre pour en dire davantage , elles resterent comme immobiles
pendant quelques momens. Olympe rompit
le silence la premiere : mais , Madame ,
dit-elle à la Comtesse , si tout ceci n'étoit

qu'une suite des malignes intentions de Madame d'Aveiro; sa haine & sa méchanceté vous sont assez connues; elles ont tant éclaté dans la téméraire aventure du Prieur de Crato, que tout vous doit être suspect de la part de cette Princesse. Que sçavons-nous? ajouta Olympe; dom Manuel ignore peut-être ce qui se passe ici. Je me prêterois volontiers à cet espoir, reprit languissamment Madame de Ménésès, si je pouvois méconnoître la main de dom Manuel; mais malgré la contradiction qui me frappe, puis-je me refuser au témoignage de mes yeux? Cette preuve détruit tout raisonnement favorable, & n'autorise que trop les idées fatales à mon repos. Il n'en faut pas douter, dom Manuel me croit capable d'une lâcheté indigne, dont le seul soupçon me doit causer la mort. Ah! malheureuse Princesse, ta fureur sera-t-elle bientôt assouvie? Mais écoute, Olympe, reprit la Comtesse après un moment de silence, ce qui se présente à mon imagination pour donner quelque vraisemblance à cette funeste aventure.

Dom Manuel, en écrivant à la Duchesse les lettres que dom Ramire lui a apportées,

n'avoit consulté d'abord que son dépit &
sa colere sur la préférence que j'avois
donnée à dom Joseph. Hélas ! ces lettres
n'ont que trop bien servi la vengeance de
la Duchesse par le cruel usage qu'elle en a
fait. Mais cette Princesse se défiant ensuite
de la fidelité de dom Manuel, & voulant
creuser un abyme entre son Amant & moi,
n'aura pas négligé de l'instruire de la confidence outrageante dont elle m'a accablé.
Enfin voyant que, malgré ses instances
réitérées, elle ne pouvoit encore obtenir le
retour de dom Manuel, elle a tenté de
lui écrire en mon nom une lettre pleine de
douceur pour sonder son ame & l'engager sous cette fausse apparence à revenir
en Portugal, pour obéir à mes ordres; dom
Manuel, contre toute apparence, a donné
dans le piege. Sa réponse a été remise à
la Duchesse, & cette Princesse livrée à ses
jaloux transports, sans égards & sans ménagement pour elle-même, s'est fait un
barbare plaisir de me donner le coup de la
mort, en m'envoyant une lettre où je suis
traitée avec indignité, & qui paroît me
convaincre d'une bassesse sans exemple.

Que vous êtes ingénieuse à vous tour-

menter,

menter, reprit Olympe. Si dom Manuel en effet revient à Lisbonne, les noirs complots de la Duchesse ne tarderoient pas à se découvrir. Auroit-elle risqué une fourberie qui la couvriroit de honte ? Ah ! que tu connois mal cette femme perfide, répliqua la Comtesse ! rien ne l'arrête dans ses fureurs ; mais d'ailleurs, elle a sçu prendre de trop justes mesures pour m'engager à éviter dom Manuel. De quel front envisager un homme si coupable à mes yeux ? Je ne veux ni le voir, ni l'entendre, je ne pourrois soutenir sa vue. Partons, Olympe ; allons à Ternaès cacher ma douleur à tout l'univers. Privée d'un mari & d'un pere, seuls dignes à mon gré d'une pareille confidence, j'attendrai leur retour. Vous vous alarmez trop, Madame, reprit Olympe en soupirant ; j'ose vous le répéter, ceci m'est infiniment suspect : dom Manuel n'entre pour rien dans cette derniere aventure. Mais tout est prêt pour votre départ. La Comtesse, sans repliquer, monta en carrosse à l'heure même, & se renferma dans une solitude entiere.

L'Amirante, informée de l'absence de sa belle-sœur, vint la voir le lendemain.

N

L'abattement prodigieux où elle la trouva lui donna de l'effroi : elle lui en demanda la cause ; mais Madame de Ménésès se retrancha sur ses chagrins connus , & dissimula sur le reste. Je suis inquiete à mon tour , lui dit l'Amirante ; dom Manuel a quitté Goa sans prendre congé du Vice-roi, qui s'en plaint hautement. Je crains qu'un départ trop précipité ne soit traité de désobéissance. Ce discours qui confirmoit les cruels avis de la Duchesse , pénétra Madame de Ménésès d'une douleur trop vive pour interrompre l'Amirante ; mais s'étant remise , je sçais, reprit-elle , par mon pere, que dom Manuel a , de la main du Roi, un congé général qui lui donne la liberté de quitter les Indes sans dépendre du Vice-roi. Ah ! ma sœur , interrompit l'Amirante, que cette circonstance soulage mon inquiétude ! & sans pénétrer les raisons de dom Manuel , je me flatte de le revoir bientôt à Lisbonne ; vous connoissez ma tendre amitié pour lui. Je pourrois me plaindre de son silence ; mais je ne puis m'occuper que de son retour. L'Amirante retourna à Lisbonne charmée de cette idée , qui désespéroit Madame de Ménésès.

Dom Manuel, en effet, s'étoit secrétement dérobé des Indes. Indigné des dégoûts qu'il essuyoit de dom Antoine de Norogna, qui ne gardoit plus de mesures avec les deux Ménésès depuis le départ de dom Louis, il venoit de céder aux instances de son pere pour quitter un pays où la santé d'un fils si cher dépérissoit à vue d'œil. Dom George, qui l'aimoit passionnément, préféra l'absence de dom Manuel au déplaisir mortel de le voir succomber à sa langueur; il favorisa le départ de son fils, & seul dans sa confidence, sans s'embarrasser des clameurs du Vice-roi, il conseilla à dom Manuel de profiter du congé que le Roi lui avoit donné. Les adieux du pere & du fils furent on ne peut pas plus tendres & plus touchans; ils s'aimoient & s'estimoient réciproquement; leur séparation leur causa des regrets douloureux.

Le Vice-roi, dans l'envie de faire sa cour à la Duchesse, jetta feu & flamme & dépêcha un vaisseau léger pour informer la Cour des procédés des Ménésès. Mais peu après le départ de dom Manuel, Norogna se trouvant extrêmement pressé dans une rencontre fort chaude, dom George avec

une valeur incroyable, eût la générosité
de le dégager. Ce trait charma le Vice-roi,
qui lui offrit son amitié dans des termes
qui marquoient son repentir. Dom George
plein de franchise en fut touché, & lui
promit la sienne, mais il eut peine à lui
pardonner le départ de son fils, dont il
étoit le véritable auteur.

Dom Manuel avoit fait peu de chemin
lorsqu'il rencontra la flotte qui venoit aux
Indes; ils s'aborderent, & l'Officier, confident de la Duchesse, lui remit les lettres de
cette Princesse.

Depuis le départ du Roi pour l'Afrique,
Madame de Ménésès dévorée par ses chagrins, avoit mené à Ternaès une vie lan-
guissante & solitaire. Son goût pour l'em-
bellissement de ses jardins, faisoit pour
lors son unique amusement; & dans l'envie
de plaire à dom Joseph, qui s'en occupoit avec un soin curieux, elle les ornoit
pour son retour. La Comtesse flattée par
cet innocent plaisir, attira chez elle un
célebre Jardinier Flamand qui passoit à
Lisbonne. Cet homme fut charmé de la
beauté de la maison, & se fit un plaisir
singulier d'embellir encore d'aussi beaux

jardins; & pour surprendre la Comtesse par un trait de son art, après avoir admiré la délicatesse d'un parterre de broderie, orné des plus belles fleurs du monde, il dessina au bout de ce parterre quatre boulingrins séparés, auxquels il voulut donner un éclat tout nouveau. Avec un goût infini, il traça autour des quatre pieces deux larges cordons, qui par mille contours symétrisés, environnoient les boulingrins. Dans ces doubles cordons, il planta en massif un nombre innombrable de petits œillets gris de lin (la chaleur est grande en Portugal). On vit bientôt paroître deux especes de rubans de cette jolie couleur, qui s'unissant avec le beau vert des boulingrins, donnoient à ce coup d'œil un brillant que l'on ne pouvoit assez admirer. L'odeur charmante qui parfumoit les airs, achevoit d'enchanter les sens. Enfin ce morceau de jardinage étoit fermé par une plate-bande bordée des mêmes œillets, & coupée de distance en distance, par des orangers & de jolis arbustes de fleurs choisies. La distribution du reste des jardins, répondoit parfaitement à ce qui se présentoit en face. Des pieces d'eau de toute grandeur, des bosquets où le soleil ne pénétroit jamais, & des allées à perte de vue, rendoient ce séjour un palais de Fées.

Madame de Ménésès aussi enchantée que surprise du succès de ses soins, sembloit attendre pour en jouir, que dom Joseph partageât ce plaisir. Mais, hélas! dom Joseph n'étoit plus. Une fleche égarée, partie d'un petit fort qu'il alloit reconnoître, l'avoit blessé mortellement parce qu'elle étoit empoisonnée. Sa blessure fut visitée sur le champ, en présence de dom Alexis son pere, & de dom Louis d'Ataïde, dont l'inquiétude & la douleur ne peuvent s'exprimer. Dom Joseph qui observoit les Chirurgiens, lut son sort sur leur visage. Mais incapable de foiblesse, il ne fit paroître aucune altération ; & demandant une plume & de l'encre, il écrivit à l'Amirante sa sœur, à dom Manuel, & à sa femme, avec ordre à dom Pedre de partir pour Lisbonne, dès qu'il lui auroit fermé les yeux.

La fermeté de dom Joseph étonna tous ceux qui étoient présens ; son pere & dom Louis pénétrés d'une affliction inconceva-

ble, admiroient le courage d'un homme
de son âge, qui sembloit quitter sans amertume, une vie pour lui si pleine de douceur : cependant son cœur étoit déchiré.
Ah ! charmante Dona Gratia, s'écria-t-il,
un moment avant que d'expirer, mon sort
étoit trop beau, vous m'aimiez ; plein de
votre image, je meurs encore plus épris
de vos vertus, que de cette beauté si touchante. Puissiez-vous être heureuse avec
un rival généreux & si digne de vous.
Dom Joseph finit ainsi une carierre trop
bornée pour un homme d'un si rare mérite. Sa mort remplit de consternation le
Roi & tous les Courtisans, qui ne pouvoient se lasser de lui donner les éloges les
plus glorieux.

Dom Joseph avoit l'ame grande & généreuse. Une valeur tant de fois éprouvée,
& toutes les qualités dignes de sa naissance, le firent regretter par toutes les personnes dont il étoit connu. Digne époux
d'une femme vertueuse, il sçut braver les
traits de la jalousie, & toucher son cœur
par un amour tendre & sans foiblesse.

Dom Pedre partit en diligence pour Lisbonne, & suivant les ordres de son maître,

N iv

il remit à l'Amirante les trois lettres dont il l'avoit chargé. L'abattement de son visage fit frémir la sœur de dom Joseph ; elle ouvrit avec précipitation celle qui lui étoit adressée. Quel coup ! s'écria-t-elle, sa malheureuse femme en mourra... quelle funeste commission !

La mort dans le cœur, elle se rendit à Ternaès, où malgré tous ses efforts, ses larmes la trahirent en abordant sa belle-sœur. Madame de Ménésès, incertaine du malheur dont elle étoit menacée, resta les yeux fixes & la bouche ouverte, sans oser parler. L'Amirante saisie de douleur & de pitié, n'osoit s'expliquer, lorsque dom Pedre parut. Ah ! c'en est fait, s'écria Madame de Ménésès, en poussant des gémissemens affreux, tout est anéanti pour moi, je perds le plus aimable des maris, mon unique appui : ah ! dom Joseph, je veux te suivre, il faut ensevelir dans le même tombeau ta femme désolée, & la malheureuse passion qui tyrannise son ame. Ce discours surprit l'Amirante, mais elle n'en comprit point le sens. Une fievre violente s'empara de Madame de Ménésès, qui fut long-temps aux portes de la mort.

Pendant que cette femme infortunée éprouvoit les chagrins les plus cuisans, le Roi revint à Lisbonne, plein d'impatience de retourner incessamment en Afrique, avec toutes les forces de son Royaume. Cette seule pensée occupa toujours son ame, & il mit tout en usage pour satisfaire une passion trop contraire à la raison, & au véritable bien de ses peuples.

Dom Loüis, qui avoit suivi le Roi à son retour en Portugal, fut sensiblement touché de la douleur excessive de sa fille. Il passoit à Ternaès tous les momens que ses grands emplois lui permettoient d'y séjourner. Mais la présence d'un pere qu'elle aimoit tendrement, & ses soins empressés n'adoucissoient que foiblement sa douleur, nourrie par un ver rongeur qu'elle ne pouvoit détruire, & qu'elle n'osoit confier même à son pere; l'abyme de maux où elle se trouvoit plongée se creusoit de jour en jour. Un mari tendre & aimable vers lequel elle fixoit toutes ses idées, détournoit son cœur d'une passion qui lui sembloit prête à s'éteindre quoiqu'elle ne fût qu'assoupie. Sa vertu aidoit une illusion, à laquelle elle prêtoit tous les jours une nouvelle force. Mais cet époux qu'elle croyoit aimer, disparoissant tout-à-coup, son cœur demeuroit en proie aux premiers mouvemens d'un amour trop vif, puisqu'il résistoit aux cruels outrages qu'elle pensoit avoir reçus. Elle passa six mois entiers dans cet accablement, & presque sans voir le jour.

Pendant ce long intervalle, dom Manuel après avoir surmonté des traverses infinies, se trouva enfin à la hauteur de l'Isle de Madere, où il relâcha, pour faire radouber son bâtiment qui faisoit eau de toutes parts. En quittant les Indes, il comptoit venir à Lisbonne porter ses plaintes contre Norogna & demander justice au Roi des insultes, que dom George & lui en avoient reçues. La crainte de revoir la Duchesse d'Aveiro, dont les lettres pleines de reproches le désespéroient, ne put l'arrêter parce qu'il s'agissoit des intérêts de son pere. Il n'étoit cependant pas encore déterminé sur la conduite qu'il tiendroit avec dom Joseph, pour qui sa haine étoit presqu'éteinte, quoiqu'il aimât la Comtesse sa femme, avec plus d'ardeur que jamais. Mais les nouvelles qu'il apprit à

Madere, lui firent prendre des vues toutes différentes.

La mort de dom Joseph dont il fut instruit, l'affligea véritablement en se représentant la douleur de sa femme, qu'il jugeoit extrême sur ce que la Duchesse lui avoit mandé de leur union. D'ailleurs dom Joseph méritoit des regrets ; dom Manuel l'avoit trop aimé pour que sa perte ne renouvellât pas des sentimens, que la seule jalousie avoit altérés. Il lui donna des larmes, & plaignit sincérement son triste sort. Mais lorsqu'il eut satisfait à la générosité de son cœur, l'idée de Madame de Ménésès veuve, & maîtresse d'elle-même, lui causa un transport de joie, qu'il n'avoit pas senti depuis long-temps. Ah ! s'écria-t-il, elle pourroit suivre sans remords les mouvemens de son cœur, si jamais il m'a été favorable ; & mon amour n'offensera plus sa vertu. O ciel ! quel bien j'ose envisager ! Il considéroit avec une sorte de complaisance le changement de sa fortune, lorsqu'on vint lui apporter des lettres de son pere.

Dom George dans une inquiétude extrême du sort de dom Manuel, dont il n'avoit point reçu de nouvelles depuis son départ des Indes, ne négligeoit aucune occasion de lui donner des siennes. Un navire parti de Goa, mouilla heureusement à Madere pour s'informer si dom Manuel n'y auroit point paru. Le Capitaine fut charmé de le rencontrer en ce lieu & s'acquitta des commissions dont il étoit chargé par dom George ; il remit ensuite à la voile pour se rendre à Lisbonne où d'autres affaires l'appelloient. Dom George apprenoit à son fils ce qui s'étoit passé entre lui & le Vice-roi, & leur intelligence présente. Cet événement inattendu changea les projets de dom Manuel. Voyant que son pere n'avoit plus besoin de ses soins à la Cour, il prit le parti de dérober son retour en Portugal : il vouloit éviter les premiers transports de la Duchesse d'Aveiro, & s'instruire avant tout de la situation de Madame de Ménésès. Pour parvenir à son but, il s'avisa d'un expédient que les lettres de dom George favoriserent.

Après huit jours de repos nécessaires à l'équipage, il manda les principaux Officiers de son vaisseau, & leur dit, que les

nouvelles qu'il venoit de recevoir de dom
George changeoient entiérement la face
de ses affaires ; que son retour aux Indes
pouvoit devenir nécessaire à dom George,
& qu'ainsi il alloit attendre à Madere, les
vaisseaux prêts à partir de Lisbonne pour
s'y rendre, & qui certainement relâche-
roient dans cette Isle. Je suis d'avis, ajouta
dom Manuel, que vous alliez les joindre
sous la conduite de dom Garcias, à qui je
remets le commandement. Son vaisseau est
hors d'état d'entreprendre un long voyage, il
faut le rétablir à Lisbonne, d'où il suivra
la flotte pour le retour. Ce discours fut
plusieurs fois interrompu par les clameurs
de tous les Officiers, qui auroient donné
leurs vies pour lui; ils ne pouvoient se ré-
foudre à l'abandonner, & sur-tout dom
Garcias de Mello, qui, plein de zele
pour dom George & pour son fils, s'étoit
engagé à le conduire jusqu'à Lisbonne.
Mais dom Manuel après avoir fait embarquer tout son monde le jour même, retint
auprès de lui ce brave Officier, & le con-
fola par les témoignages de la plus parfaite
estime. Il lui confia ses plus secretes réfolutions, & le détermina à mettre à la voile

si-tôt qu'il auroit fait dans l'Isle plusieurs Matelots nécessaires à l'équipage.

Cependant le temps avoit rendu quelqu'apparence de tranquillité à Madame de Ménésès; cédant enfin aux instances de son pere & de sa belle-sœur, peu-à-peu elle se trouva en état de sortir de son lit & de charmer sa douleur par les agrémens d'une solitude délicieuse.

Il y avoit au bout d'une des avenues de Ternaès, un rocher qui, sortant de la mer, poussoit une longue pointe dans les terres, & formoit une espece de portique en se recourbant. Le Jardinier Flamand qui avoit un génie supérieur, s'amusa pendant la retraite de Madame de Ménésès, à construire un berceau dans l'espace qui formoit le portique ; le terrein, par son élévation insensible, offroit à la vue le port de Lisbonne, que l'on regarde comme le plus beau coup-d'œil du monde. Cette situation unique l'engagea à orner ce lieu des plus beaux coquillages que la mer peut fournir; il y fit des cascades charmantes, & plaça dans le fond un grand sopha de gason, dont la fraîcheur du lieu entretenoit la verdure. Pour en dérober l'entrée, il ferma ce joli cabinet d'une double palissade de myrthes & de jasmins ; ce fut pour s'y rendre, que Madame de Ménésès, conduite par l'Amirante, sortit la premiere fois de son appartement. Elle fut surprise de ce qu'elle voyoit, & charmée de la solitude de ce beau lieu ; elle y prit tant de goût qu'elle passoit peu de jours sans y venir rêver. Combien de fois, seule avec Olympe, lui confia-t-elle ses inquiétudes sur la prochaine arrivée de dom Manuel. Elle ne pouvoit s'accoutumer à cette idée. Il est peut-être à Lisbonne, lui disoit - elle en pleurant ; il s'est passé trop de temps depuis la nouvelle de son départ des Indes. Plût au ciel qu'il m'eût oubliée ! mais hélas ! l'indigne lettre qu'il croit avoir reçue de moi, & l'état où je suis, lui donnent peut-être un espoir téméraire. Ah ! ma chere Olympe, serai-je toujours tourmentée par un objet que je dois haïr, & qui sans cesse occupe mon ame ? Que ne puis-je me fuir moi-même !

Telle étoit la situation de son cœur, lorsqu'un matin étant seule dans sa chambre, un inconnu demanda à lui parler, & lui remit une lettre sans adresse. Madame de Ménésès l'ouvrit , mais dès qu'elle connut l'écriture , troublée par la crainte de quelque nouvelle surprise , elle la rendit au porteur sans la lire ; puis gagnant la porte de son cabinet , elle y entroit, lorsqu'elle s'apperçut que l'inconnu la suivoit. Cessez une vaine poursuite , lui dit-elle en se retournant , je ne veux rien écouter; & fermant sur elle la porte du cabinet , elle laissa l'inconnu dans un prodigieux étonnement. Cette nouvelle aventure augmenta les chagrins de la Comtesse ; mais la source n'en étoit pas encore épuisée.

Cependant le Jardinier Flamand qui vouloit bientôt retourner dans son pays, demanda l'agrément de la Comtesse pour donner avant son départ quelques leçons de jardinage, à un jeune Indien qui avoit un goût infini pour cet art. La Comtesse contente de soins du Flamand , & n'y trouvant nulle difficulté, y consentit volontiers; le jeune homme eut la conduite des fleurs du jardin , & le soin des caisses placées dans le salon, qu'il devoit arroser tous les matins.

Un jour que Madame de Ménésès s'y étoit rendue plus matin qu'à l'ordinaire,

l'Amirante

l'Amirante arriva chez elle toute éperdue ; ah! ma sœur lui dit-elle, je suis inconsolable, dom Manuel est mort. La flotte des Indes, qui devoit le prendre à Madere, vient de donner avis que, sans l'attendre, il s'étoit embarqué sur un bâtiment léger, qu'un coup de vent a fait périr.

Les premieres paroles de l'Amirante firent une telle impression sur Madame de Ménésès, que sans entendre la suite, elle perdit tout sentiment. L'Amirante qui s'en apperçut courut toute effrayée chercher du secours. Dans cet instant l'Indien qui arrosoit les fleurs, ne put résister aux divers mouvemens qui l'agiterent. Seul avec Madame de Ménésès, il s'approcha d'elle, se précipita à ses genoux, & prit une de ses mains qu'il baisa avec tant d'ardeur, qu'elle reprit l'usage de ses sens. Epouvantée de l'action téméraire de cet homme, elle jetta un cri douloureux : que vois-je! s'écria-t-elle en le repoussant ; l'Amirante paroissant alors, fit fuir le Jardinier qui fondoit en pleurs. Mais, Madame de Ménésès dans un trouble inconcevable, resta comme une personne qui a l'esprit aliéné.

O

Qu'on me mette au lit, dit-elle enfin à ses femmes qui l'entouroient.

L'Amirante surprise au dernier excès, ne sçavoit de quelle façon elle devoit se conduire ; elle avoit vu fuir le Jardinier avec précipitation ; elle avoit même soupçonné ses pleurs ; mais elle ignoroit le reste. Le trouble & le silence de Madame de Ménésès, qui ne proféroit pas une parole, redoubloient encore son étonnement ; tout étoit dans la consternation ; cependant l'Amirante cherchant à la soulager : vous avez besoin de repos, lui dit-elle, ma sœur, on m'attend à Lisbonne ; mais si mes soins vous étoient utiles, disposez de moi, je..... Ah ! ma sœur, interrompit Madame de Ménésès, je suis si peu à moi-même, que je ne sçais ce que je veux ; dans quelques jours d'ici, je serai charmée de vous revoir ; j'aurai même besoin de vos conseils ; c'est tout ce que je puis dire à cette heure. L'Amirante, pour ne la pas contraindre, partit, mais dans une inquiétude extrême sur tout ce qui venoit de se passer.

Olympe resta seule avec sa Maîtresse. Comment t'apprendrai-je l'excès de mes

peines , dit cette belle affligée ? ma foiblesse pour un traître dont on m'annonçoit
la mort , vient de découvrir à l'Amirante
un funeste mystere , qu'il faudroit me cacher à moi-même. Mais c'est la moindre
partie de mes maux : je frissonne , Olympe, en rappellant le plus cruel des outrages. Alors elle lui apprit l'action hardie
du Jardinier. Que dois-je penser, ajouta-
t-elle, de cette témérité inouïe ? tout mon
sang s'est glacé ; je tremble encore sans
oser m'expliquer ; je crains tous les malheurs ensemble. Si c'étoit lui, Olympe, à
quels tourmens serois-je exposée ? Mais ,
quoi qu'il en soit , il faut , sans différer , éloigner un objet digne d'un éternel courroux.
Olympe avec ses ordres sortit , & chercha
envain le Jardinier. Mais un jeune garçon
qui travailloit à une charmille, lui remit un
billet cacheté, à son adresse, & qui contenoit ces mots :

   » Un amour trop vif m'a emporté , je
» suis coupable je le confesse ; mais une
» passion aussi tendre & aussi fidele , ne
» méritera-t-elle pas mon pardon ; il peut
» seul adoucir une mort cruelle , à laquelle
» je vais courir pour expier mon crime ».

Olympe ayant reconnu l'écriture, ne douta plus que l'Indien ne fût en effet dom Manuel ; cependant elle hésita sur l'usage qu'elle devoit faire du billet. La mort de dom Manuel avoit frappé le cœur de la Comtesse d'une atteinte si vive, qu'elle crut devoir la désabuser sur ce point; mais elle craignoit le contre-coup. Calmée sur une inquiétude qui l'avoit vivement surprise, elle devoit sentir avec plus de force encore un outrage qui lui paroissoit déja si cruel ; il falloit ménager son esprit avec adresse. Le Jardinier n'est plus ici, dit Olympe à sa Maîtresse en la rejoignant; mais, Madame, j'exciterois votre colere si je vous en disois davantage. Pourquoi dissimuler, dit Madame de Ménésès d'une voix tremblante? mes maux sont si grands qu'ils ne peuvent être augmentés. J'obéirai, reprit Olympe, mais préparez-vous à de nouvelles alarmes : en lui disant cela, elle lui présenta le billet de dom Manuel.

Infortunée que je suis ! s'écria Madame de Ménésès, mes jours ne sont comptés que par des malheurs ; je n'y puis plus résister. Elle lut le billet, & dans ce moment la douleur cédant à la colere : non,

non, reprit-elle ; la mort ne peut expier un tel forfait. Je ſuis donc le jouet d'un traître, qui ne m'a vue que pour empoiſonner mes triſtes jours. Il faut abandonner un lieu ſouillé par ſa préſence. Charmant ſéjour, ajouta-t-elle, ſeul témoin de mes larmes, vous n'avez plus pour moi d'appas.... Après quelques momens de ſilence, je ne me connois plus, Olympe, reprit-elle ; mes idées ſont confondues : quel ordre donner aux événemens qui m'ont perſécutée ? C'eſt un abyme, dit Olympe, que l'on ne peut approfondir ; mais, Madame, il faut calmer des tranſports indignes de vous ; votre innocence doit faire votre conſolation. Déſormais vous ſerez à l'abri des méchancetés de la Ducheſſe ; la mort prétendue de dom Manuel éteindra ſes fureurs ; elle ignorera ſa téméraire entrepriſe. Eh ! qui peut m'en aſſurer, interrompit Madame de Ménéſès ? peut-être de concert avec cette Princeſſe, cherchent ils tous deux à me faire tomber dans le piege. Il n'en eſt rien, Madame, reprit Olympe ; dom Manuel vous aime & je ſuis plus perſuadée que jamais, qu'il n'a aucune part à tout ce qui s'eſt paſſé.

O iij

Au reste le désespoir de la Duchesse dont je suis informée me prouve leur peu d'intelligence. Abandonnons-la à des transports, dont elle seule doit être capable. Pour vous, Madame, profitez de la sagesse & de la modération de votre caractere, il doit vous mettre au-dessus de tous vos malheurs. Dom Manuel, honteux & repentant d'un offense qu'il se reproche amérement, vous laissera tranquille. Mais quel sera son sort, dit Madame de Ménésès ? hélas ! si la raison l'eût toujours guidé, bien-loin de trembler à son aspect, une amitié tendre & solide entre nous, eût peut-être adouci la perte d'un mari que je regretterai sans cesse ; mais il faut le fuir pour toujours; heureuse encore, si je pouvois disposer de mon triste cœur dont la honteuse foiblesse m'épouvante ! Le croirois-tu, Olympe ? remplie de cette odieuse image, je ne puis calmer mes inquiétudes sur le destin d'un homme qui m'outrage mortellement.

Cette triste conversation ne pouvoit s'épuiser. Reprise à cent fois différentes, Madame de Ménésès pleuroit encore lorsque l'Amirante arriva. Trois jours qui s'étoient écoulés, n'avoient sçu modérer sa douleur.

Toujours dans les larmes, lui dit l'Amirante en l'embraſſant : ah ! ma ſœur ne ſçaurai-je jamais ce qui les fait verſer ? Vous êtes trop digne de toute ma confiance, reprit Madame de Ménéſès ; je voudrois vous ouvrir mon cœur ; mais comment vous apprendre des malheurs que j'ai peut-être mérités, & qui vous découvriroient des foibleſſes que je ne me pardonnerai jamais. L'Amirante, en la conſolant, redoubla ſes inſtances avec tant de marques d'amitié, que la Comteſſe lui en promit le détail lorſqu'elle ſeroit plus tranquille.

L'Amirante étoit d'autant plus preſſée d'entrer dans ſa confidence, que le temps approchoit où elle devoit lui remettre la lettre, que dom Joſeph en mourant lui avoit adreſſée pour ſa femme. L'ordre exprès d'attendre l'année révolue, l'avoit obligée au ſecret. Elle ne pouvoit plus différer ; mais la ſituation préſente de Madame de Ménéſès paroiſſoit s'y oppoſer, tant qu'elle ne ſeroit pas inſtruite des nouveaux motifs de ſa douleur.

La journée étant belle, l'Amirante propoſa la promenade du berceau ; mais la Comteſſe, dans la crainte d'une rencontre qui la faiſoit frémir, ne pouvoit ſe réſoudre à sortir de l'intérieur de sa maison. Tous les jours elle prétextoit une raison nouvelle pour ne pas s'écarter; l'Amirante ne pouvoit comprendre la cause d'un dégoût si extraordinaire. Enfin, au bout de quelques jours, elle l'y détermina: à peine étoient-elles dans la grotte, en liberté, que l'Amirante redoubla ses instances pour être instruite de ce qui excitoit si vivement sa juste curiosité.

Madame de Ménésès alloit enfin satisfaire à tant d'empressement, lorsqu'on les avertit que dom Louis d'Ataïde arrivoit à Ternaès. Absent de Lisbonne depuis un mois, il venoit embrasser sa fille avant que d'y rentrer. Elle courut au-devant d'un pere si tendre; sa présence fit quelque diversion à la douleur, & n'osant lui confier ses nouveaux chagrins, elle se contraignit pour paroître moins abattue.

Le bruit de la mort de dom Manuel étoit parvenu jusqu'à dom Louis par des lettres de Lisbonne; il en étoit dans une douleur inconcevable; cependant ignorant jusqu'à quel point cet événement frapperoit sa fille, il ne lui en parla point. Mais trouvant l'Amirante sans témoins, ils déplorerent enſemble un malheur qui leur étoit commun. La Comteſſe qui s'étoit éloignée pour un moment , rejoignit ſon pere & apprit avec beaucoup de chagrin qu'il la quitteroit le lendemain. La Ducheſſe d'A-veiro eſt bien malade , dit dom Louis; je ſuis trop attaché au Duc ſon époux, pour ne lui pas rendre des ſoins dans cette cir-conſtance. Madame de Ménésès ſenſible à cette nouvelle par rapport à elle-même , en reſſentit un moment de joie. Elle ſe flatta que la Ducheſſe ignoroit le véritable ſort de dom Manuel ; elle en conclut qu'elle ignoroit auſſi le ſéjour qu'il avoit fait chez elle , traveſti en Jardinier. Ce préjugé qui détruiſoit l'opinion de leur intellignce, ſoulagea ſes inquiétudes ſur un point ſi eſſentiel. Dom Louis ne pénétra point ce qui ſe paſſoit dans l'ame de ſa fille ; elle le combla de careſſes , & cette journée leur parut ſi douce , que dom Louis partit de Ternaès avec un deſir extrême de s'y retrouver bientôt.

En effet , depuis ſix mois la Ducheſſe d'Aveiro étoit dans une langueur affreuſe. Malgré l'infidélité de dom Manuel, l'eſpoir de le revoir à ſon retour des Indes l'avoit comblée de joie. Mais ne le voyant point paroître, elle souffroit un violent dépit, lorsque l'on apprit par le vaisseau de dom Garcias de Mello, que dom Manuel perdant toute idée de revenir à Lisbonne, s'étoit arrêté à Madère, où il attendroit la flotte pour le reporter aux Indes. A cette nouvelle la constance de la Duchesse l'abandonna; elle ne put tenir contre une résolution si fatale à ses vœux; peu s'en fallut qu'elle ne l'allât trouver secrétement à Madère. Incapable de se modérer, elle avoit déja pris des mesures à ce sujet; mais le départ précipité de la flotte détruisit un projet qui choquoit toute bienséance. Réduite à la foible ressource de lui écrire, elle confia encore des lettres à un Officier de la flottte qui lui étoit tout dévoué.

Elle attendoit impatiemment ce qu'elles produiroient, quand une barque détachée de la flotte, apprit à Lisbonne, que dom Manuel ne s'étoit point trouvé à Madère, & que l'on craignoit qu'il n'eût fait naufrage dans un bâtiment que la derniere tempête avoit fait périr. Cette affreuse nouvelle jetta la Duchesse dans un transport de douleur inconcevable; il fallut la sauver d'elle-même & de ses emportemens. Dona Clara mit tous ses soins à dérober au Duc d'Aveiro, les motifs d'un désespoir sans bornes. Une fievre violente qui se joignit aux accès immodérés d'une douleur si impétueuse, servit de voile, & réduisit bientôt cette désolée Princesse dans l'état le plus périlleux.

Elle étoit encore dans toute la violence de son chagrin, lorsque dom Ramire, profitant de l'absence du Duc qui étoit allé faire sa cour, demanda à être introduit dans la chambre de la Duchesse. Eh bien! dom Ramire, lui dit cette Princesse d'une voix coupée, dom Manuel est-il mort? dois-je cesser de vivre? N'écoutez plus votre désespoir, Madame, répondit dom Ramire, je ne sçais rien de positif; mais j'ai des soupçons qu'il faut approfondir : occupé sans relâche d'une affaire aussi intéressante, j'ai sçu qu'un Indien inconnu séjournoit aux environs de Ternaès, il prend des précautions pour n'être pas abordé, qui me paroissent suspectes. Pénétrons ce mystere; enlevons cet homme, il en sera quitte pour quelques frayeurs, & peut-être sçait-il le sort de dom Manuel. J'ose vous le répéter, Madame, le bruit de son naufrage est si vague qu'il est permis d'en douter. La Duchesse trop pressée par une douleur excessive, saisit, avec complaisance, cette foible lueur d'espoir. Il ne faut rien négliger, dit-elle à dom Ramire; conduisez-vous avec prudence, & songez que du succès de vos soins dépend le remede à tous mes maux, & l'établissement de votre fortune. Le Duc va rentrer, allez, évitez sa présence. Dom Ramire étoit à peine à cent pas, lorsque le Duc arriva : il vit avec surprise le meilleur état de sa femme; sa langueur lui parut si considérablement diminuée, qu'il retourna le soir même à la Cour.

Ce fut dans ces circonstances, que dom Louis d'Ataïde jugeant ses soins utiles au Duc, laissa Madame de Ménésès seule avec l'Amirante, qui brûloit d'envie d'être en liberté à Ternaès. Aussi-tôt après le dîné, les Dames se rendirent dans la grotte, suivies d'Olympe & de dom Pedre. La Comtesse ne pouvant plus s'en défendre, commença ainsi le récit de ses infortunes.

Faut-il, ma sœur, vous avouer mes foiblesses, & pourrai-je sans rougir en rappeller la mémoire? Mais le détail de mes malheurs seroit trop long , si je retraçois les événemens de mon séjour aux Indes. Ah ! ma sœur , s'écria l'Amirante , ma curiosité s'étend sur toute votre vie , & mon amitié me fait desirer avec ardeur , une relation exacte de tout ce qui vous intéresse. Qu'exigez-vous de moi , reprit la Comtesse en soupirant ? N'importe , il faut vous satisfaire.

Alors se fixant à l'arrivée du secours pour le siege de Goa , & après avoir appris à l'Amirante la réception que dom Louis avoit faite aux principaux Officiers qui se rendoient librement chez la Vice-reine, elle lui avoua avec franchise , l'impression que la vue de dom Manuel avoit faite sur son cœur, & le progrès de son goût pour lui , malgré les reproches amers qu'elle se faisoit sans cesse. Parcourant ensuite les diverses rencontres où les deux cousins piqués d'émulation pour la gloire , sentirent l'un pour l'autre les premieres atteintes d'une haine qui n'éclata que trop depuis, elle en vint au choix que dom Louis fit de dom Joseph pour son époux. Dans cet endroit les pleurs lui coupant la parole , elle s'arrêta ; puis reprenant : votre frere, dit-elle en regardant l'Amirante , ne méritoit que trop un cœur sans partage ; le mien se seroit donné tout entier avec joie si j'en avois disposé. Que de larmes répandis-je en secret dans ces tristes momens, où la crainte d'un faux serment fait à mon époux, me causoit bien plus d'alarmes que la perte d'un Amant que j'aimois malgré moi !

Dom Manuel, continua la Comtesse, au désespoir d'une préférence qu'il croyoit mériter, voulut s'en venger dans le tournoi. Hélas ! qui pourroit exprimer mes craintes & mes ennuis ? j'avois mon cœur à combattre , & je tremblois pour un époux aimable auquel le devoir m'alloit attacher. La célébration de notre mariage se fit ; mais le lendemain , jugez de l'excès de ma douleur, lorsque je vis dom Joseph percé de coups, par la main d'un rival que je ne pouvois haïr. Il faut ma sœur éprouver cette situation pour en comprendre toutes les horreurs.

Incertaine du sort de dom Manuel , & me refusant à moi-même de m'en instruire, j'eus peine à me tirer d'une maladie violente. Mon départ des Indes ne calma pas mes inquiétudes ; dom Joseph s'apperçut de la langueur qui me confumoit, il m'en fit de tendres reproches ; mais, ô douleur ame-re ! il avoit pénétré la caufe de ma honte & de mes déplaifirs. Cependant fa tendreffe pour moi n'en fut point altérée, il me plaignit & me laiffa voir que je n'avois pas perdu fon eftime. Vertueux & équitable au fouverain degré, il me fit un mérite du combat que je me livrois fans ceffe.

Nous arrivâmes à Lisbonne. La ducheffe me prévint alors par les careffes les plus tendres. Hélas ! que fon cœur perfide abufa bien de ma crédulité. Un jour que j'étois feule avec elle, après cent queftions adroites pour développer mes fentimens, elle fe démafqua elle-même à mes yeux. Quels difcours ! ô ciel ! je ne vous répéterai point, ma fœur, les propos qui fortirent de fa bouche ; la violence de fes emportemens jaloux me fit trembler au point que je reftai fans réponfe. Cette indigne Princeffe, après avoir exhalé tout ce que fa rage lui dictoit, me donna à lire une lettre de dom Manuel, que vous pouvez lire auffi, dit la Comteffe à l'Amirante en la lui pré-

sentant. L'Amirante la prit , & l'ayant lue
tout bas ! quelle perfidie , s'écria-t-elle :
dom Manuel étoit-il capable d'une telle
imposture ? Je ne puis le croire, cependant
c'est le caractere de sa main. Mais, ma
sœur, poursuivez, je vous prie, je frémis
des suites de cette aventure. Madame de
Ménésès continuant malgré ses pleurs,
instruisit l'Amirante de la terrible conversation qu'elle eut encore chez elle avec la
Duchesse; elle lui apprit ensuite l'entreprise
du Prieur de Crato , qui, poussé par cette
Princesse, avoit feint une passion violente
pour elle , à dessein d'exciter la jalousie de
dom Joseph. Grands Dieux ! interrompit
l'Amirante , ce qui m'avoit paru un jeu
vous a causé des alarmes ? Cent fois plus
cruelles que vous ne pouvez penser, reprit
la Comtesse ; je fus exposée à toute la jalousie d'un mari, que mes soins empressés
ne ramenerent qu'après m'avoir fait sentir
les plus affreux tourmens. Elle passa ensuite au détail de la mort de sa mere , &
redoubla ses pleurs en parlant du départ
de dom Joseph & de dom Louis pour
l'Afrique ; alors, continua-t-elle , désespérée de la privation d'un pere & d'un mari

si

ſi cher, je me diſpoſois à me rendre ici, lorſque dom Ramire demanda à me parler de la part de la Ducheſſe. Je frémis de ce meſſage, & ma crainte n'étoit que trop bien fondée; il me remit ce billet de la Ducheſſe, avec cette nouvelle lettre de dom Manuel, bien plus outrageante que la premiere.

Pénétrée d'une indignation que je ne puis vous exprimer, je vins me renfermer ici pour y dévorer mon déſeſpoir. Des malheurs irréparables m'y ſuivirent. Mais apprenez ce qui cauſe mes dernieres alarmes. Ce Jardinier attaché depuis peu à ma maiſon, ce feint Indien dont l'inſolence excitera ma colere à jamais, c'eſt le perfide dom Manuel. Ah ! ciel, que dites-vous, s'écria l'Amirante? N'en croyez que vos yeux, dit Madame de Ménéſès fondant en pleurs. Ce dernier billet vous convaincra d'une offenſe, que je ne lui pardonnerai jamais, quand il pourroit d'ailleurs être innocent. C'en eſt trop, reprit l'Amirante, laiſſez-moi reſpirer un moment, je ne puis revenir de ma ſurpriſe.

Elles alloient réfléchir ſur des événemens ſi nouveaux pour l'Amirante, lorſqu'elles

P

furent surprifes par une pluie abondante
mêlée d'éclairs & de tonnerres affreux. Dans
cette extrémité, la retraite étant imprati-
cable fans le fecours d'un carroffe, qu'il
fallut envoyer chercher, Dom Pedre leur
propofa un afyle très-prochain.

Dom Pedre en fe promenant feul autour
du rocher, avoit obfervé du côté de la
mer une cavité dont il ignoroit l'étendue.
Les Dames s'y laifferent conduire ; mais en
entrant dans ce lieu obfcur, elles furent
faifies d'une efpece de frayeur, qui bientôt
fut augmentée par des foupirs qu'elles
entendirent au fond de l'antre. L'Amirante
vouloit s'enfuir ; mais la Comteffe, naturellement courageufe, en s'avançant du côté
où elle voyoit un peu plus de lumiere,
apperçut dom Manuel fous la figure de
l'Indien. Où fuis-je ! s'écria-t-elle : Saific
alors d'un trouble mortel elle fe laiffa tomber fans connoiffance ; l'Amirante & fa
fuite accouroient à fon fecours, lorfque
l'Indien les prévenant enleva Madame de
Ménéfès, & la porta fur une efpece de lit
de mouffe qui fe trouvoit dans le fond de
l'antre. L'Amirante, prefqu'auffi troublée
que fa belle-fœur, reconnut enfin dom Ma-

nuel ; mais ſes forces lui manquant , elle s'aſſit aux pieds de la Comteſſe qui ne donnoit aucun ſigne de vie. Dom Manuel uniquement occupé de ſa Maîtreſſe s'em-preſſoit pour la ſecourir.

Ce malheureux Amant avoit entendu une partie de la converſation des Dames par une fente du rocher. Cent fois tenté de ſe découvrir , la crainte de déplaire à la Comteſſe & de l'obliger à fuir l'avoit retenu ; déſeſpéré d'ailleurs d'avoir excité ſon juſte courroux par un déguiſement téméraire , il n'avoit oſé ſe juſtifier ſur les perfidies qu'elle lui imputoit. Il gémiſ-ſoit dans ce triſte lieu , préférable pour lui à tous les palais du monde , puiſqu'il l'ap-prochoit du ſeul objet qui pouvoit intéreſ-ſer ſon cœur. Dans l'eſpoir d'adoucir ſa colere par le ſecours de l'Amirante , dont il attendoit le retour à Ternaès , il ſe rendoit tous les jours dans l'antre , ſe flattant de trou-ver un moment favorable à ſa juſtification lorſqu'il auroit obtenu les ſoins de l'Amirante.

Madame de Ménéſès revint enfin de ſon évanouiſſement ; mais malgré le trouble de ſes ſens , la vue de dom Manuel la frappa d'une colere ſi vive , qu'elle eut aſſez de force pour s'échapper de ses bras , & pour gagner d'une course rapide l'entrée de la caverne. Son carrosse qui venoit d'y arriver lui fut d'un grand secours, elle se jetta dedans ; l'Amirante , Olympe & dom Pedre la suivirent dans un étonnement qui leur ôtoit la parole. Le violent effort que la Comtesse s'étoit fait, la rejetta dans une seconde pamoison , qui empêcha l'Amirante de parler à dom Manuel, comme elle l'avoit résolu. Inquiette de l'état de sa belle-sœur , elle ne songea qu'à la conduire à Ternaès, où elle la fit mettre au lit. Le malheureux dom Manuel pénétré de surprise & de douleur , resta dans la caverne abymé dans ses réflexions, & dans le désespoir de n'avoir pu profiter d'une occasion si favorable à son innocence.

Madame de Ménésès rendue enfin à elle-même , sentit une inquiétude insupportable sur le sort de dom Manuel : attendrie jusqu'au fond de l'ame , malgré sa colere , elle chargea dom Pedre de retourner à la caverne, & d'obliger dom Manuel, par toute sorte de moyens, à abandonner un lieu plein de danger pour lui. Dom Pedre s'y rendit, & fut vivement touché de l'état déplorable où il le trouva. Sa douleur tendre, & ſes gémiſſemens lui toucherent le cœur. Moi perfide ! s'écrioit-il : dois je en être accuſé, quand l'amour le plus pur embraſe mon triſte cœur ? Ah ! cruelle Princeſſe, à quel tourment m'expoſez-vous ? Ses larmes & ſa foibleſſe arrêterent ſes plaintes, à peine eut-il la force de ſe juſtifier. Cependant il parla avec tant de franchiſe, que dom Pedre ne put s'empêcher de lui promettre de le ſervir, & de travailler, de concert avec l'Amirante, à calmer le courroux de la Comteſſe. Mais par ſes ordres dom Pedre exigea de lui de ne jamais paroître en ſa préſence, & de quitter pour toujours un lieu où elle ne pouvoit le ſçavoir ſans frémir ; Sylvio, qui ſeul étoit dans la confidence de dom Manuel, arriva dans cet inſtant ; dom Pedre l'exhorta à ſeconder auprès de ſon Maître les volontés de Madame de Méneſès : on lui donna parole de s'éloigner de ce lieu, & il retourna en toute diligence à Ternaès pour rendre compte de ſa commiſſion.

Madame de Méneſès, impatiente de le voir arriver, écoutoit en pleurant l'Amirante, qui cherchoit vainement à la conſoler. Part-il de ces lieux, dit-elle à dom Pedre en l'appercevant ? ou ferai-je forcée de m'éloigner moi-même ? Ah ! Madame, reprit dom Pedre, quel cœur affez dur ne feroit pas pénétré de ce que je viens de voir ! ce n'eft point par des tranfports que dom Manuel s'explique, fa douleur tendre & touchante démontre fon innocence & .... Quel langage, interrompit Madame de Ménésès un peu émue ! le foin de le juftifier paffe mes ordres. Abandonne-t-il ces lieux ? c'eft ce qui m'intéreffe. Il vous obéit, Madame, repliqua dom Pedre interdit ; il part dans ce moment. Madame de Ménésès ne pouvant plus réfifter à la contrainte qu'elle fouffroit, demanda à refter feule avec l'Amirante pour donner un libre cours à fes foupirs & à fes larmes.

Que je vous plains, lui dit tendrement l'Amirante. Mais, enfin, ne donnerez-vous jamais un terme à vos alarmes ? Il n'eft plus pour moi de repos, répondit Madame de Ménésès ; dom Manuel téméraire & perfide, n'en eft pas moins cher à mon cœur ; & c'eft ce qui met le comble à ma mifere. Eh ! pourquoi ne pas l'entendre, repartit l'Amirante ? la jaloufe Ducheffe eft

peut-être seule coupable d'une trahison,
que toutes les actions de dom Manuel sem-
blent démentir. Hélas ! dit Madame de Ménésès, pourroit-il démentir le caractere de
sa main, que vous n'osez méconnoître
vous-même ? Ah ! ma sœur, repliqua l'A-
mirante, ne sçauroit-on l'avoir imité ? cette
sorte de fourberie n'a que trop d'exemples :
Dom Manuel n'est peut-être pas encore
loin, souffrez que je lui parle. La Comtesse
alloit peut-être y consentir lorsque dom
Pedre entra tout tremblant : ah ! Madame,
dit-il, dom Manuel est enlevé, Sylvio
vient de m'apprendre cette nouvelle. Sylvio
paroissant lui-même à la porte de la chambre, l'Amirante, qui avoit conservé un peu
plus de forces que la Comtesse, le fit approcher. Rien n'est plus vrai, hélas ! mais
écoutez ce funeste récit : une heure après
le départ de dom Pedre, continua Sylvio,
dom Manuel gagnoit sa retraite comme à
l'ordinaire, je le précédois de cent pas ;
mais entendant du bruit je revenois sur
mes pas pour le joindre, lorsque j'ai vu
mon Maître enveloppé par six hommes,
qui malgré sa résistance l'ont fait monter à
cheval, & le conduisent du côté de Lis-

bonne. Désespéré de ne pouvoir lui donner aucun secours, je suis venu ici pour demander vengeance. Les larmes empêchèrent ce fidele domestique de continuer.

Madame de Ménésès avoit éprouvé bien des sortes d'alarmes : elle les avoit senties vivement ; mais ce dernier coup étoit si rude, qu'à peine eut-elle la force de s'en plaindre. C'est la Duchesse, dit-elle d'une voix mourante : que ne doit-on pas craindre ! Epouvantée par la fureur & les transports de cette Princesse qui se retracerent à son imagination, elle envisageoit les dernieres extrémités. L'Amirante étoit au désespoir ; mais quelles mesures prendre dans cette conjoncture ? Après avoir délibéré assez long-temps, dom Louis leur parut seul capable de leur donner conseil ; mais il falloit l'instruire de ce qui s'étoit passé dans la grotte. Madame de Ménésès cédant à la nécessité pressante, consentit à lui découvrir l'état de son cœur. L'Amirante suivie de Sylvio partit pour aller à Lisbonne trouver dom Louis. Mais quel fut l'excès de sa joie, lorsqu'elle apprit qu'il avoit sauvé dom Manuel des mains de ses ravisseurs!

Par un bonheur inespéré , dom Louis tranquille sur la santé de la Duchesse qu'il trouva hors d'affaire, après avoir vu le Duc dans son appartement du palais , reprenoit sur le soir la route de Ternaès , lorsque passant dans un chemin creux & étroit , il rencontra six Cavaliers qui environnoient un Indien , dont le cheval s'étoit abattu. La clarté des flambeaux qui éclairoient dom Louis le firent reconnoître ; il entendit une voix qui dit avec force : dom Louis , sauvez dom Manuel , on l'enleve avec violence. Ce son de voix porta au cœur de dom Louis une atteinte si vive, qu'il ne put la méconnoître. Il se précipita de son carrosse ; l'escorte surprise & épouvantée , s'enfuit & se dissipa en un moment. Dom Manuel se voyant dégagé s'élança dans les bras de dom Louis : c'est moi , lui dit-il, Seigneur, c'est dom Manuel qui peut-être vous doit la vie. Dom Louis charmé de retrouver un homme dont il avoit pleuré la mort , ne pouvoit se lasser de l'embrasser , & en même-temps d'admirer l'extrême changement de dom Manuel , qu'il ne reconnoissoit qu'à la voix. Après lui avoir donné le temps d'effacer la cou-

leur qui le masquoit & qui s'enlevoit facilement , dom Louis le fit monter dans
son carrosse ; & dans l'empressement de le
conduire à Ternaès , il en donnoit l'ordre
à ses gens , lorsque dom Manuel le pria
fort sérieusement de le mener à Lisbonne,
& de lui permettre d'éviter la présence de
la Comtesse sa fille. Tant de froideur étonna dom Louis ; il voulut insister, mais
dom Manuel s'obstinant toujours, il fit
tourner bride à ses chevaux & rentra dans
Lisbonne. Ils n'étoient qu'à cent pas de la
porte , lorsque dom Manuel fit arrêter, &
après avoir renouvellé tous ses remercimens à dom Louis, il le supplia de trouver bon qu'il se retirât seul , & de ne pas
exiger qu'il lui confiât ses raisons & ses
projets. Un tel procédé eut lieu de surprendre dom Louis, il s'en plaignit à l'Amirante qui arriva un instant après cette séparation inattendue. Sylvio attentif au discours
de dom Louis , disparut dans le moment
pour se rendre auprès de son Maître, dont
il sçavoit la retraite ordinaire.

L'Amirante occupée de la situation de
sa belle-sœur , lui dépêcha aussi-tôt un
courier pour la tirer d'inquiétude , & lui

promettre de la rejoindre le lendemain avec dom Louis. Ce tendre soin rempli, l'Amirante inftruifit Ataïde de tout ce qui s'étoit paffé à Ternaès depuis la mort de dom Jofeph, & de l'ordre récent de Madame de Ménéfès, qui banniffoit dom Manuel de fa préfence. Elle n'oublia pas dans fon récit, les caufes de la haine envenimée de la Ducheffe d'Aveiro contre fa fille; enfin elle lui rendit prefque mot à mot tout ce qu'elle avoit appris de Madame de Ménéfès. Tant de faits ignorés de dom Louis, le jetterent dans une furprife inconcevable, & plein d'impatience d'aller confoler fa malheureufe fille, après quelques heures de repos, il partit avec l'Amirante pour fe rendre chez elle.

Madame de Ménéfès étoit au lit lorfque fon pere & l'Amirante arriverent; elle étoit encore fi troublée qu'elle n'ofa faire aucune queftion : heureufement pour elle, l'Amirante ayant confié à dom Louis le fujet de fes peines, ce tendre pere mit tous fes foins à la confoler, & avec beaucoup de ménagement ; il lui épargna d'abord les fujets de plaintes qu'il croyoit avoir contre dom Manuel ; il lui donna même quelque temps pour se calmer, sans chercher à pénétrer dans sa confidence.

Cependant l'Amirante ne sçavoit quel usage elle devoit faire de la lettre de dom Joseph ; incertaine sur sa conduite, elle consulta dom Louis, qui, pour agir avec prudence, ouvrit la lettre & y trouva ces paroles :

« L'état où je suis réduit seroit trop dou-
» loureux, si je me livrois à l'idée effroya-
» ble de quitter la plus aimable de toutes
» les femmes. Mais cette cruelle perte, si
» sensible à mon cœur, peut être adoucie
» par l'espoir de la rendre heureuse. Souf-
» frez, belle & charmante Dona Gratia,
» qu'un mari mourant plein de votre ima-
» ge, vous donne des ordres pour la pre-
» miere fois, & dispose de votre main.
» Dom Manuel, ce rival généreux & cher
» à mon cœur, est le seul homme digne
» de vous. Il succede à une partie de mes
» biens, daignez-y joindre le don de votre
» cœur, qui doit faire sa félicité, & que
» je croirai conserver, quand il le possédera
» par ma derniere volonté. Souvenez-vous
» ensemble d'un mari qui n'a jamais aimé
» que vous. Dom Louis si tendre pour moi,

» s'opposeroit-il à des desirs trop justes,
» lui qui connoît tout le mérite d'un
» homme aussi vertueux qu'aimable!

Dom Joseph de Ménésès.

La lecture de cette lettte jetta dom Louis dans une surprise extrême. Il aimoit tendrement dom Manuel ; il l'avoit cru très-digne de sa fille avant son retour des Indes, mais ses derniers procédés avec lui, & ce qu'il avoit appris de l'Amirante, balançoient la bonne opinion qu'il avoit prise de sa générosité. Cependant il ne pouvoit démêler encore, jusqu'à quel point il devoit être condamné. La Duchesse d'Aveiro, sur le récit de l'Amirante, paroissoit très-coupable ; toutes les trahisons qu'elle imputoit à dom Manuel étant peut-être supposées par cette jalouse Princesse. Il avoit trop d'équité pour prononcer contre dom Manuel sans l'entendre. Mais pourquoi avoit-il évité de se justifier avec lui? quelles étoient les raisons d'un silence si désobligeant? D'ailleurs le bruit de sa mort qu'il avoit fait répandre, pour une cause, à son gré, trop légere, ajoutoit encore à l'obscurité de ses desseins. Cependant il renferma en lui-même toutes ces réflexions, mais il

exigea de l'Amirante un secret inviolable
sur la lettre de dom Joseph, dont il admira la vertu & le courage. Il garda cette
lettre, ne jugeant pas que dans les circonstances, on dût encore la communiquer à
sa fille.

Cette malheureuse femme, n'osant confier à personne le chagrin mortel que lui
causoit la fuite de dom Manuel, languis-
soit en secret, tandis que la Duchesse
d'Aveiro se livroit sans réserve aux transports d'une affreuse jalousie. Instruite par
dom Ramire du mauvais succès de son entreprise, elle ne pouvoit se consoler de voir
dom Manuel échappé de ses mains: Elle
pensa perdre toute sa raison, en se représentant que dom Manuel sous la figure de
l'Indien, voyoit peut-être librement sa rivale. Cent fois elle fit répéter à dom Ramire ce qui s'étoit passé dans la rencontre de dom Louis. Il est donc à Ternaès,
ma rivale triomphe de ma rage. Furieuse
de cette idée, & dans l'espoir de troubler
un bonheur imaginaire, elle insinua au
Cardinal Henri qui étoit malade, que le
séjour de Ternaès pouvoit seul lui rendre
la santé ; elle persuada à ce Prince que

Madame de Ménésès se feroit un plaisir de lui offrir sa maison, & qu'elle regarderoit comme une faveur de sa part, s'il vouloit bien l'accepter pendant quelques mois. Le Prince se rendit facilement : alors Madame d'Aveiro ne consultant plus que sa hardiesse & son dépit, se chargea d'aller elle-même en faire la proposition.

La Comtesse la vit arriver à Ternaès avec une surprise & un trouble qu'on ne peut dépeindre. Le Cardinal Henri, lui dit cette Princesse d'un ton fier, se flatte, Madame, que vous lui accorderez une faveur qui intéresse sa santé. Elle est trop précieuse à l'Etat pour balancer un moment; ainsi je ne doute pas que vous ne vous rendiez sur l'heure à Lisbonne, pour lui offrir cette maison, dont le séjour fait l'objet de ses desirs. Madame de Ménésès fort étonnée, mais sans le paroître, répondit avec beaucoup de douceur; le Cardinal Henri peut disposer de ma maison quand il lui plaira, il pouvoit même m'envoyer ses ordres, & compter sur ma soumission sans vous donner la peine, Madame, de me les apporter vous-même. Pendant que Madame de Ménésès parloit, la Duchesse jettoit des regards avides de tous côtés; sa curiosité l'emportant enfin, elle parcourut l'appartement de la Comtesse avec un air si agité qu'elle fit trembler tous ceux qui la rencontrerent. Madame de Ménésès ne pouvoit la suivre, tant elle marchoit rapidement; mais s'arrêtant tout d'un coup : votre maison est charmante, dit-elle en se retournant, je veux la voir toute entiere. En effet, elle visita tous les divers appartemens avec tant d'exactitude, que Madame de Ménésès devina aisément le but d'une recherche si mal dissimulée.

Dom Louis & l'Amirante étoient retournés à Lisbonne. Madame de Ménésès seule chez elle, se trouvoit fort embarrassée d'une visite dont elle ne pouvoit prévoir la fin. Cependant après que la Duchesse l'eut envain tourmentée, elle se répandit en louanges sur la beauté de la maison : Je compte, dit cette Princesse, jouir de tant de charmes, j'accompagnerai le Cardinal Henri dans cette délicieuse demeure, & je me fais un plaisir de le suivre dans cette grotte enchantée que j'ai tant ouï vanter. Un regard malin & un souris amer accompagnerent ce discours, & terminerent une

conversation

conversation si cruelle pour Madame de Ménésès. Je vais rendre réponse au Cardinal Henri, ajouta la Princesse en sortant; vous ne tarderez pas apparamment, Madame, à satisfaire ses desirs. Madame de Ménésès la salua, avec une sorte de respect qu'elle ne rendoit qu'en apparence à une Princesse qui en étoit si peu digne.

Madame de Ménésès, livrée à ses réflexions, s'étonnoit de l'opiniâtreté avec laquelle la Duchesse cherchoit à la tourmenter. Quelle est donc ma fortune, disoit-elle, pour exciter sa jalousie avec tant de fureur? Cent fois plus à plaindre qu'elle, je n'ai pour moi que l'innocence de mon cœur. Mais enfin il faut céder, & abandonner des lieux où je n'ai éprouvé que trop de malheurs. Peut-être loin des objets qui me les retracent, trouverai-je un repos qui me fuit depuis si long-temps? Cette idée diminuoit en quelque sorte, la douleur de quitter une maison qu'elle regardoit comme son ouvrage. Cependant il n'y avoit pas à balancer; son devoir exigeoit ce sacrifice, quoique cet événement la dérangeât de tous points.

Déterminée à ne point rester à Lisbonne,

elle se trouvoit réduite à l'habitation de Castroréal , situé près de Lamego , où elle possédoit de grandes terres. L'éloignement de Lisbonne ne lui déplaisoit que par la privation de dom Louis & de l'Amirante , qui se trouvoient nécessairement attachés à la Cour ; elle perdoit en eux ce qu'elle avoit de plus cher ; elle leur apprit cette cruelle nouvelle dès le soir même.

Dom Louis , occupé de ce qui venoit de se passer à la Cour , sentit avec d'autant plus de vivacité le chagrin de sa fille. Mais il convint , aussi-bien que l'Amirante , qu'il n'y avoit aucun remede à ce malheur. Un autre événement qui intéressoit dom Louis n'adoucit pas leurs maux; il sembloit que chacun de leurs momens dût être marqué par de nouvelles alarmes.

Le Roi sans cesse occupé de la guerre d'Afrique , venoit de s'expliquer avec dom Louis sur ses projets ; il lui avoit communiqué le plan de cette grande entreprise , à laquelle il étoit absolument déterminé , malgré les remontrances du Roi d'Espagne son oncle , & les difficultés insurmontables pour tout autre que pour Sébastien. Dom

Louis parla au Roi avec une franchiſe &
une fermeté dignes de ſon courage, contre
une expédition qui, à ſon gré, ne pouvoit
avoir que de dangereuſes ſuites. Sébaſtien
peu accoutumé à rencontrer de la réſiſtance dans ſes volontés, fut extrêmement
ſurpris de la généreuſe hardieſſe d'Ataïde ;
il craignit un homme de cette trempe ; &
ne prenant alors conſeil que de lui-même,
en lui ôtant le commandement de l'armée
d'Afrique, il venoit de le nommer Vice-
roi des Indes pour la ſeconde fois.

Dom Louis trouvoit une eſpece d'avantage dans cet honorable exil : dégagé d'une
guerre dont il prévoyoit le triſte ſuccès, il
regarda ſon éloignement de Lisbonne
comme le ſeul moyen de ſe dérober au
courroux de ſon Roi. Mais Madame de
Ménéſès ne put enviſager l'eſpace immen-
ſe qui l'alloit ſéparer de ſon pere, ſans une
douleur mortelle. Hors d'état de le ſuivre
par l'extrême affoibliſſement de ſa ſanté, &
contrainte elle-même de ſe réléguer loin
de Lisbonne, elle tomba dans un abattement que tout ſon courage ne put vaincre.
Quelle eſt donc ma deſtinée ! dit-elle tendrement à ſon pere : vous, mon unique

appui, vous, qui seul me soutenez dans mes ennuis, il faut donc vous perdre, & mourir loin de vous !

Ce tendre pere touché du sort de sa fille, l'embrassa avec tant de marques d'amitié, que dans cette effusion de tendresse elle lui découvrit le véritable état de son ame : Ah ! mon pere, lui dit-elle en le baignant de ses larmes, connoissez enfin votre fille, & l'excès de ses maux ; depuis trop long-temps tyrannisée par une odieuse image, je succombe aux tourmens que je souffre : un perfide m'outrage, & mon foible cœur ne peut s'irriter contre lui : plus je veux le haïr, & plus je suis dévorée par une indigne flamme que ma raison désavoue. Que ne puis-je vous suivre aux extrémités de la terre, & bannir à jamais de ma mémoire, la source intarissable de mon désespoir !

Dom Louis l'écouta, mais voulant calmer un transport qui blessoit sa modération ordinaire, il lui fit sentir à quel point elle s'écartoit du caractere de douceur & de fermeté qu'il avoit toujours admiré en elle. Est-ce vous, ma fille, lui dit-il, qui vous laissez surmonter par un défespoir fans bornes ? prévenue par une paffion que vous vous reprochez avec trop de rigueur, vous augmentez des maux que j'envifage d'un œil tranquille, & qui ne me femblent point fans remedes. Dom Manuel vous paroît coupable, les outrages dont vous l'accufez font de nature à n'être jamais pardonnés; mais font-ils bien prouvés, & n'avez vous pas des raifons affez fortes pour fufpendre fa condamnation ?

Je fuis inftruit, continua dom Louis, de tout ce qui s'eft paffé jufqu'ici : fi par une prudence que je me reproche, je n'ai pas recherché plutôt votre confidence, n'en comptez pas moins fur mes foins : j'avoue au refte que les apparences font contre doim Manuel ; le caractere de fa main me frappe vivement, cependant cette preuve peut être équivoque, & ne me paroît pas fuffifante pour l'abandonner, & pour rifquer de perdre un homme aimable, qui m'a toujours paru plein d'honneur & de générofité. Calmez vos inquiétudes, ma chere fille, & laiffez-moi le foin d'éclaircir mes juftes foupçons : il faut découvrir le lieu de fa retraite; j'ai de puiffans motifs pour defirer qu'il foit innocent, &

tous mes vœux se portent en sa faveur. Ah ! mon pere, s'écria Madame de Ménésès, que me faites-vous envisager? Je n'exigerai rien d'indigne de vous, reprit dom Louis ; votre gloire m'est aussi chere que la mienne, je ne veux que votre bonheur. L'Amirante qui entra, interrompit cette conversation, qui soulagea Madame de Ménésès, mais qui ne la persuada pas.

Après avoir consulté avec dom Louis & l'Amirante sur la démarche qu'exigeoit la demande du Cardinal Henri, la Comtesse se détermina à lui céder sa maison. Dom Louis se chargea de l'aller offrir au Prince, sa fille étant trop incommodée pour se montrer à la Cour, où d'ailleurs elle ne pouvoit se résoudre de paroître. Ils se rendirent tous trois à Lisbonne, & le départ de Madame de Ménésès fut fixé à quelques jours delà. En partant de Ternaès, elle donna des regrets à une demeure délicieuse, & qui faisoit tout son amusement. Mais des soins bien plus touchans encore occupoient son ame. L'incertitude du séjour de dom Manuel, & la crainte qu'il ne fût découvert par les émissaires de la Duchesse, la jettoient dans un trouble dont elle n'étoit pas la maîtreſſe. Quoique les auteurs de l'enlevement ne fuſſent pas connus, elle perſiſtoit dans la premiere idée qu'elle en avoit priſe. D'ailleurs, le bruit de la mort de dom Manuel étant détruit, elle ne pouvoit ſe perſuader que la Ducheſſe reſtât tranquille ſur le ſort d'un Amant dont ſans ceſſe elle étoit occupée.

Madame de Ménéſès partit pour Caſtroréal, après avoir embraſſé ſon pere, qui, malgré les ſoins d'un long & prochain voyage, lui promit de ſe rendre auprès d'elle dans un mois au plus tard. L'Amirante, les larmes aux yeux, s'engagea à y ſuivre dom Louis ; tous deux la virent partir avec une douleur incroyable, & de concert ils réſolurent de ne rien négliger pour découvrir la retraite de dom Manuel, dont ils brûloient d'impatience de pénétrer les projets.

La conduite de dom Manuel, & ſon abſence, commençoient à devenir trèsſuſpectes à la Cour. Le faux bruit de ſon naufrage étant détruit, on s'étonnoit de ce qu'il ne paroiſſoit point. Dans ces circonſtances, le crédit de dom Louis ſuffit à peine pour ſuſpendre la colere du Roi, qui étoit sur le point de nommer à ses emplois; il servoit dom Manuel à la Cour, tandis que Madame de Ménésès poursuivoit tristement la route de Castroréal.

Sur le soir d'un très-beau jour, elle traversa une prairie si riante, qu'elle eut envie de s'y arrêter. Elle descendit de son carrosse, & s'assit sur le bord d'une petite riviere, dont le rivage, orné de mille fleurs, rendoit ce lieu enchanté. Seule & livrée à ses ennuis, ses yeux se remplissoient de pleurs, lorsque dom Pedre, dans le regret de n'avoir pu joindre l'Amirante pour lui confier des secrets importans, voulut tenter un effort sur l'esprit de la Comtesse. Il s'approcha d'elle : oserois-je, Madame, lui dit-il, interrompre votre rêverie : depuis ce jour fatal où ma hardiesse eut le malheur de vous déplaire, accablé par votre rigueur, je n'ai osé rompre le silence ; mais mon zele s'en offense : daignez enfin m'entendre, j'ai des choses à vous dire qu'il ne m'est plus permis de vous taire. Oui, dom Pedre, interrompit Madame de Ménésès, je suis injuste ; mais n'en accusez que mes malheurs : je reconnois tout le prix de votre zele, vous pos-

sédiez toute la confiance de dom Joseph,
vous êtes trop digne de toute la mienne, &
je vous en ai déja donné des preuves, en
vous admettant dans le secret de mon cœur.
Mais hélas ! que pouvez-vous m'apprendre
qui soit capable d'adoucir mon sort ? Daignez m'écouter, reprit dom Pedre ; si vous
voulez m'accorder un moment d'attention,
peut-être trouverez-vous quelque sujet de
consolation dans le récit des plaintes d'un
homme trop malheureux pour ne pas exciter votre pitié. Dom Manuel... Ah, dom
Pedre ! s'écria la Comtesse, qu'allez-vous
entreprendre ? Rien que de juste, Madame ;
mais de grace ne m'interrompez plus.

Dom Manuel, poursuivit-il, enfermé
dans l'antre du rocher, ne perdit pas
un mot de votre conversation avec Madame l'Amirante ; une crevasse qui répondoit
à la grotte, lui laissoit entendre librement
toutes vos paroles. Quel tourment, ô ciel !
ne souffrit-il pas ! Cent fois prêt à se ré-
crier sur les perfidies dont vous l'accusiez,
son respect pour vous le retint toujours ;
mais depuis il a sçu m'instruire plus à loisir. Je n'ai nulle part, me jura-t-il dans la
grotte, à tout ce que l'on m'impute avec

tant de rigueur ; je proteste sur mon honneur & sur mon amour, que je n'ai jamais écrit à Madame de Ménésès, ni à Madame la Duchesse pendant mon séjour aux Indes. Mais cela est-il possible, repris je étonné, le caractere de votre main s'oppose à vos sermens. J'ignore, repartit dom Manuel, l'auteur d'une si lâche imposture, mais aux yeux mêmes de la Duchesse, je désavouerois jusqu'à ma propre écriture, qui, sans doute a été contrefaite. Ah ! dom Pedre, interrompit tristement Madame de Ménésès, puis je l'en croire ! Attendez, Madame, je vous conjure, reprit dom Pedre, laissez-moi continuer.

Dom Manuel après un moment d'une rêverie profonde reprenant la parole. Dom Ramire, me dit il, ne seroit-il point à Lisbonne ? Il y est sans doute, lui dis je, & dans la confidence secrete de Madame d'Aveiro. Juste ciel ! il suffit, repliqua dom Manuel en soupirant, je suis trahi par un perfide ; mais ce mystere va être dévoilé à vos yeux.

Dom Ramire, continua-t il, par un funeste talent, m'a cent fois trompé moimême par la ressemblance de mon caractere; l'abus qu'il en a fait est sans doute le principe de tous mes maux : mais je n'en veux pas sçavoir davantage. Retournez, dom Pedre, auprès de la Comtesse; & sans perdre un moment, désabusez-la, je vous conjure, d'une erreur trop fatale, & par le récit sincere de l'innocence de ma conduite, apprenez-lui sans tarder l'excès de son injustice à mon égard... Non, non, attendez; il faut encore mieux vous instruire : écoutez-moi.

Je quittai les Indes, continua dom Manuel, pour les intérêts de mon pere, & après une navigation pleine de traverses j'arrivai enfin à Madère. Mais ne voulant pas paroître à la Cour, ni même en Portugal, sans l'aveu de Madame de Ménésès, je sçus me déguiser en simple matelot de recrue, & me rendre à Lisbonne dans le vaisseau de dom Garcias de Mello, sans être connu que de lui seul : il avoit mon secret. Après mon débarquement, plein d'impatience de voir Madame de Ménésès, & voulant lui marquer ma douleur sur la mort de dom Joseph, que j'avois apprise à Madère, je lui écrivis une lettre remplie de soumission, pour obtenir son aveu ayant que de me présenter chez elle : le cruel succès de cette démarche me réduisit au plus violent désespoir ; & ne sçachant quel parti prendre , je restai inconnu à tout l'univers. Le bruit de ma mort que je fis répandre à Lisbonne favorisa mes desirs jusqu'au fatal moment que j'entrai au service de Madame la Comtesse , & que par un indiscret transport , je me rendis en effet coupable à ses yeux. Je confesse ce crime : mais, dom Pedre, il est unique, & je l'expie tous les jours par des larmes continuelles. Hélas ! devroit-elle donc m'accuser de toutes les perfidies qu'elle a éprouvées, & me croire capable d'un outrage qui mériteroit les supplices les plus affreux ! Cependant , dom Pedre, après des soupçons aussi cruels & la rigueur dont elle vient de m'accabler, il faut suivre ses ordres, & la délivrer pour jamais d'un odieux Amant : loin de ses beaux yeux , je vais me condamner à un éternel exil. Mais que tardez-vous? partez, un moment de délai ajoute à mes tourmens ; qu'elle apprenne mon innocence & je meurs content.

Pendant que dom Pedre parloit, Madame de Ménésès le regardoit fixement sans

preſque oſer reſpirer ; elle goûtoit une eſpece de ſoulagement mêlé de défiance , qui
confondoit toutes ſes idées. Cependant ne
voulant pas ſe découvrir : c'en eſt aſſez , dom
Pedre , lui dit-elle , ſans lui permettre de
continuer ; je loue votre zele , il faut partir. A ces mots elle monta dans ſon carroſſe
& continua ſa route , dans une ſituation
qui avoit quelque douceur.

Elle paſſa un mois à Caſtroréal dans une
ſolitude qui lui donnoit tout le temps de
s'abandonner à ſa rêverie. Il n'eſt peut-être
point coupable , diſoit-elle , je l'ai accuſé
injuſtement , & cette injuſtice peut cauſer
ſa perte ! Cruelle Princeſſe ! ſont-ce là de tes
jeux ? perfide dom Ramire ! ô ciel ! ne devois-je donc pas me défier d'une intelligence dont j'étois inſtruite ? La Comteſſe
ſentoit d'autant mieux les reproches qu'elle
avoit à ſe faire, que dom Louis & l'Amirante lui mandoient que , malgré les recherches les plus ſuivies , ils n'avoient
aucune connoiſſance du ſort de dom Manuel.

Les inquiétudes de Madame de Ménéſès
avoient changé d'objets ; mais en étoient-
elles moins douloureuſes ? Elle ne pouvoit

calmer ses peines, lorsque dom Louis lui écrivit qu'il arriveroit chez elle tel jour avec l'Amirante. La Comtesse, pour prévenir son pere, se rendit dès le matin au bord de la forêt, où ne voyant rien paroître encore, elle descendit de son carrosse, & prenant Olympe sous le bras, elle suivit la premiere route qui s'offrit à elle, avec ordre à ses gens, de faire prendre le même chemin à l'équipage de dom Louis.

A peine avoit-elle fait quatre cens pas, qu'elle apperçut un homme couché sur l'herbe, dont le visage étoit tourné du côté opposé, & qui paroissoit considérer quelque chose avec une attention infinie. Déja trop près de lui, elle s'arrêta avec un tremblement qui la surprit elle-même. Olympe qui avoit l'esprit plus libre s'avança doucement ; mais en reconnoissant le portrait de Madame de Ménésès : que vois-je, s'écria-t-elle en tombant sur les deux genoux. Ce mouvement d'Olympe produisit un effet assez singulier ; Madame de Ménésès accourt vivement pour la secourir, tandis que l'inconnu se leve avec tant de précipitation, qu'il heurte la Comtesse sans la reconnoître d'abord. Mais la voyant chanceler, il la soutint pour l'empêcher de tomber. Quelle surprise pour deux Amans malheureux & tendres !

La Comtesse sentit toute la douceur de cette rencontre ; mais avec une rougeur modeste se démêlant des bras de son Amant & s'appuyant sur Olympe, elle fut s'asseoir au pied d'un arbre. Dom Manuel immobile comme une statue, n'eut pas la force de la suivre ; cependant appercevant bientôt toute l'étendue de son bonheur, il courut se prosterner à ses pieds, & les embrassa avec ardeur. Que faites-vous ? dom Manuel, dit la Comtesse d'un ton doux mais embarrassé ; vous croyez-vous justifier ? Ah ! Madame, s'écria dom Manuel, je vais expirer à vos genoux si vous n'adoucissez vos rigueurs. Un silence plus éloquent que toutes les paroles succéda ensuite à ce transport ; leurs regards se confondoient, & le trouble de leurs ames y étoit dépeint avec tant d'expression, que le cœur le plus dur en auroit été touché.

Cette espece de charme duroit encore, lorsque l'on vit paroître l'équipage de dom Louis. Madame de Ménésès voulut se lever pour aller au devant de son pere, mais ses jambes tremblantes lui refusant leur secours, elle resta au pied de l'arbre avec Olympe. La caleche de dom Louis les joignit avec tant de vîtesse, que dom Manuel ne put s'avancer que de quelques pas; à sa vue dom Louis & l'Amirante, se précipiterent sans reflexion pour jouir plutôt d'un bonheur inespéré. Dom Manuel embrassa les genoux de dom Louis, qui le releva sans rien dire; mais lui prenant la main avec tendresse, ils s'approcherent ensemble de la Comtesse que l'Amirante tenoit déja entre ses bras. Leur entrevue fut si tendre, qu'elle leur coûta des larmes. Mais trop de témoins leur causant de l'embarras, ils voulurent regagner le château. Madame de Ménésès partit dans son carrosse avec l'Amirante, tandis que dom Manuel montoit avec dom Louis dans le sien.

A peine le cœur de dom Manuel pouvoit-il contenir toute la joie qu'il ressentoit. Bien-loin alors de dissimuler avec dom Louis, il lui fit un récit sincere de tout ce qui s'étoit passé entre lui & Madame de Ménésès. Il lui demanda mille pardons de l'irrégularité de ses procédés lorsqu'il l'avoit

délivré

délivré des mains de ses ravisseurs. L'ordre de fuir Madame de Ménésès, continua dom Manuel, que dom Pedre venoit de m'apporter de sa part, livroit mon cœur au désespoir. Je formai dès-lors la résolution de retourner aux Indes sans me faire voir à Lisbonne ; plein de cette idée je craignis que vos bontés ne s'opposassent à mon projet : ce fut, Seigneur, l'unique motif de ma dissimulation avec vous. Je persistai dans cette résolution, & je n'attendois qu'une occasion pour m'embarquer secrétement, lorsque dom Garcias de Mello, qui seul connoissoit ma retraite, vint me voir. Je sors de chez dom Louis, me dit-il, il part demain avec l'Amirante pour aller joindre Madame de Ménésès à Castroréal. Uniquement occupé de ma douleur, j'ignorois tout ce qui se passoit & je la croyois tranquille à Terhaès ; mais à cette nouvelle, oubliant mes résolutions, je repris une lueur d'espoir. Je me flattai d'obtenir dans cette solitude un moment de conversation secrete avec l'Amirante, & de l'engager à faire un dernier effort en ma faveur. Dans cette idée, voulant m'approcher de Castroréal, je partis avec Sylvio, & je vins me rendre hier au soir dans une maison de paysan, où je comptois me dérober aux yeux de tout l'univers.

Ce matin me promenant dans une route écartée, je m'arrêtois pour considérer ce beau portrait, qui, comme vous sçavez, est entre mes mains par une espece de prodige, lorsque j'ai été surpris par votre aimable fille; je ne vous parlerai point du ravissement que m'a causé sa vue, il est inexprimable. Dom Louis charmé de la franchise de dom Manuel, fut pleinement convaincu de son innocence, & après lui avoir fait cent caresses, il lui promit en l'embrassant de ne rien négliger pour détruire dans l'esprit de sa fille, les cruels préjugés produits par les impostures de la Duchesse d'Aveiro.

Pendant que dom Louis retrouvoit en dom Manuel, avec tant de plaisir, ces généreux sentimens dont il ne s'étoit jamais écarté; Madame de Ménésès rendoit à l'Amirante ce qu'elle avoit appris de dom Pedre. Il peut n'être point coupable, disoit la Comtesse avec une joie sensible. Il ne l'est point sans doute, reprit l'Amirante; si vous lui permettez de se justifier, son innocence éclatera à vos yeux. Les deux équipages étant arrivés dans ce moment, dom Manuel donna la main à Madame de Ménésès pour descendre de son carrosse ; il la conduisit dans son appartement sans oser lui dire une parole. La Comtesse, dont l'embarras n'étoit pas encore dissipé, observoit le même silence ; mais lorsqu'ils furent tous quatre rassemblés & sans témoins, dom Manuel prenant un peu de hardiesse se jetta aux genoux de Madame de Ménésès, & par ses soupirs & par ses larmes, lui prouva si bien la force de son amour, qu'elle écouta ses justifications. Elles bannirent pour jamais de son ame les injustes soupçons qui trop long-temps en avoient fait le martyre. Mais malgré toute la tendresse de son cœur, elle ne permit à dom Manuel aucun espoir de voir combler ses vœux.

Cependant on ne se livra, dans ces premiers momens, qu'à la joie de se voir réunis après de si cruelles traverses.

La Duchesse apprit bientôt cette réconciliation ; elle vit que tous les efforts qu'elle avoit faits pour entretenir une mésintelligence éternelle, entre la Comtesse de Ménésès & dom Manuel, avoient été inutiles, qu'ils alloient jouir d'un bonheur paisible & durable, & qu'elle perdoit son Amant pour toujours. Transportée de dépit & de rage, elle se livra à toute la fureur de son désespoir. Une fievre ardente la saisit, & la mit en peu de jours dans le plus grand danger. Elle sentit aussi-tôt qu'elle ne surmonteroit jamais la violence du mal qui la consumoit. Ses forces épuisées lui annoncerent sa fin prochaine. Elle ne trouva plus alors au fond de son cœur que le repentir de sa conduite passée & les remords les plus cuisans. Elle détesta sa passion malheureuse & les soins cruels de dom Ramire : les tourmens qu'elle avoit causés à dom Manuel & ses injustices vinrent la troubler aux portes du tombeau. Elle ne songea plus qu'à réparer ses torts & à mériter du moins par un aveu sincere, le pardon de celui dont elle avoit causé les malheurs ; mais sa douleur & ses regrets l'avoient tellement affoiblie que ce ne fut qu'avec beaucoup de peine qu'elle parvint à tracer ces mots à dom Manuel.

« Prête à quitter une vie qui m'est
» devenue odieuse, j'ose encore vous écrire,

» non pour vous rappeller des sentimens
» dont je n'ai jamais été digne, ni justifier
» mes égaremens ; mais pour m'en punir
» en vous découvrant toute l'étendue de
» ma foiblesse ; puisse-je au moins par cette
» preuve de mon repentir, obtenir de la
» compassion & de la pitié d'une ame
» que l'amour le plus ardent ne put jamais
» attendrir. La passion insurmontable que
» votre gloire & vos vertus avoient allu-
» mée dans mon cœur, m'a portée aux
» excès les plus injustes contre vous. Aidée
» des artifices d'un traître, je vous ai pour-
» suivi sans relâche & vous ai fait éprou-
» ver les funestes effets de ma jalousie ; je
» cherchois à vous perdre dans l'esprit de
» ma rivale. Mon ardeur insensée justifioit
» à mes propres yeux une conduite aussi
» criminelle. J'esperois que, rebuté des mé-
» pris de Madame de Ménésès, vous repren-
» driez vos premieres chaînes. Mais que
» l'amour est aveugle ! Ne devois-je pas pré-
» voir que tous mes efforts ne feroient
» que resserrer davantage des nœuds que je
» voulois rompre ? Jouissez du bonheur que
» méritent votre constance & votre fidélité.
» Je suis seule la victime d'une passion aussi

,, malheureuse que coupable. Le ciel vous
,, venge & me punit avec justice de tous
,, les maux que je vous ai faits. Je ne re-
,, grette point des jours que votre indiffé-
,, rence a proscrits; méfiez-vous du perfide
,, dom Ramire, dont la lâche complaisance
,, me flatta de l'espoir de captiver votre
,, cœur, & me précipita dans un abyme
,, sans fond. La seule grace que je vous de-
,, mande, c'est de ménager ma réputation
,, auprès d'un époux qui . . . . . ,,.

Elle ne put en écrire davantage; ses forces l'abandonnerent, une sueur froide se
répandit sur tout son corps & elle expira
peu de momens après.

Cette lettre étoit à peine rendue à Castroréal qu'on y apprit la mort de la Duchesse, & la fuite de dom Ramire, qui
pour se souftraire au juste châtiment qu'il
méritoit, s'étoit sauvé en Espagne.

Madame de Ménésès, dom Manuel &
dom Louis ne purent s'empêcher de plaindre le sort de cette malheureuse Princesse,
quoiqu'il les délivrât des plus cruelles inquiétudes.

Peu de jours après, ils quitterent Castroréal & revinrent à Lisbonne, où l'on

ignora long-tems la caufe de la mort précipitée de la Ducheffe. Dom Louis alla rendre auffi-tôt les devoirs les plus tendres au Duc d'Aveiro, enfuite fon premier foin fut de préfenter dom Manuel au Roi. Sa longue abfence de la Cour y avoit produit un fort mauvais effet. Le Roi le reçut très-froidement d'abord, mais les graces perfonnelles & les talens de dom Manuel pour la guerre que le Roi étoit fur le point de porter en Afrique, lui rendirent bientôt les bonnes graces de fon Maître, qui peu de temps après l'honora d'un emploi d'une grande diftinction.

Cette faveur éclatante eût fenfiblement flatté dom Manuel, fi fon cœur avoit été content; mais l'obftination de Madame de Ménéſès le défefpéroit. Plus éloignée que jamais de fatisfaire fes defirs, il perdoit toute efpérance d'être jamais heureux. Les prieres de dom Louis avoient été fans effet à Caftroréal. La lettre de dom Jofeph que fon pere lui avoit remife, loin de vaincre fa répugnance pour un fecond engagement, n'avoit fervi qu'à renouveller fes regrets fur la mort de fon mari. Enfin depuis fon retour à Lisbonne, dom Alexis pour fuivre les dernieres volontés de son fils , avoit mis tout en usage pour vaincre ses scrupules. Mais toujours ferme & inébranlable, elle résistoit à tout, lorsque l'amour & la constance de dom Manuel, remporterent une victoire si difficile à obtenir.

Le nouvel emploi de dom Manuel exigeoit qu'il précédât la flottte en Afrique; il n'attendoit que les ordres du Roi pour s'embarquer , mais en même-temps son désespoir augmentoit par la résistance de Madame de Ménésès. Huit jours avant son départ , par un hasard heureux , se trouvant seul avec elle : je n'en puis douter, Madame , lui dit il , vous voulez la mort d'un Amant misérable qui ne peut vivre sans vous. Eh! quoi , sans nulle pitié me verrez-vous partir? mon amour & mon désespoir ne pourront ils rien sur vous ? accablé par vos rigueurs , je vais donc chez les Barbabares , chercher un trépas qui me délivrera de tant d'amertume & d'ennuis. Recevez , Madame , ajouta-t-il , en s'inclinant profondement , le triste & dernier adieu d'une victime que vous condamnez à la mort; je pars heureux encore, si vous accordez quelques soupirs à un trépas qui sera vo-

tre ouvrage. Un ruisseau de larmes, & mille
sanglots se mêlerent à ces regrets touchans.
La Comtesse trop émue elle-même, ne put
résister à tant d'amour ; il ébranla sa constance ; son cœur grossi par des soupirs trop
long-temps retenus, éclata malgré elle, &
ses beaux yeux couverts de pleurs, marque-
rent enfin le triomphe de son Amant.

Enhardi par cet attendrissement, dom
Manuel embrassa ses genoux. Rendez-vous,
charmante Comtesse, s'écria-t-il, ne résistez
plus à mes vœux ; puisque votre cœur paroît sensible, tout doit se réunir pour mon
bonheur ; prosterné à vos pieds, je veux
obtenir un aveu favorable ou mourir à
vos yeux. Madame de Ménésès, dans un
embarras dont elle ne pouvoit se délivrer,
le regardoit tendrement sans oser lui répondre ; mais cédant enfin à une ardeur si
pressante : vous triomphez de ma foiblesse,
lui dit-elle en soupirant, voulez-vous en
abuser ? Ah ! s'écria dom Manuel, cédez
sans contrainte aux tendres mouvemens
d'un cœur qui n'a jamais brûlé que pour
vous : le vôtre ne parle-t-il pas en ma faveur ; écoutez son langage, il ne peut s'opposer à mon bonheur. Il ne s'explique que

trop bien, reprit Madame de Ménésès en le regardant avec une douceur charmante ; mais à la veille d'un cruel départ & dans les alarmes d'une guerre périlleuse, peut-on former des nœuds..? Ouï, belle Comtesse, interrompit vivement dom Manuel, ce moment est trop favorable ; si je puis être à vous, je ne crains point le fort de la guerre ; un si grand bien me sauvera de tous. les périls, & , couvert de gloire, je reviendrai mettre à vos pieds des lauriers que je n'aurai obtenus que par vous.

Cette tendre conversation se termina par des protestations d'un amour éternel; & pour premier gage d'un cœur qui se livroit sans réserve après tant de résistance, la Comtesse détacha de son bras un bracelet de diamans d'un prix inestimable, que la Comtesse d'Atougia sa mere avoit reçu du Roï à son retour des Indes. Elle le présenta à dom Manuel, & accompagna ce présent d'un regard si tendre, que cet Amant passionné, dans l'excès de son bonheur, pensa mourir de joie à ses genoux.

Dom Manuel instruisit dom Louis, l'Amirante & dom Alexis de Ménésès d'un

changement si heureux. Je suis le plus fortuné des mortels, dit-il à dom Louis en
l'abordant ; votre charmante fille consent
enfin à mon bonheur. Il s'expliqua de la
même façon avec l'Amirante & dom Alexis, qui tous trois se rendirent chez Madame de Ménésès , & la félicitèrent avec
des transports de joie sur une affaire qu'ils
avoient tant désirée.

Après avoir obtenu le consentement du
Roi, ils partirent pour Ternaès, dont le
Cardinal Henri avoit fait fort peu d'usage.
Le mariage fut célébré dans ce beau lieu,
avec une égale satisfaction de toutes parts;
dom Alexis prouva la joie qu'il en ressentoit, malgré la douleur de la perte de son
fils dont il ne se consola jamais.

Madame de Ménésès qui avoit l'ame
grande, écartant pour lors tout ce qui avoit
pu l'arrêter, livra son cœur à une joie
douce qui le remplit de délices : mais que
cette joie fut de courte durée ! l'amertume
d'un départ trop prompt se fit sentir avec
une violence extrême. Dom Manuel enivré
de son bonheur avoit compté sur la force
de son courage; mais il éprouva alors que
l'amour est un dangereux rival de la gloire.

Sa foiblesse l'épouvanta ; cependant il partit après les plus tendres adieux.

Le Roi, suivi de toute son armée, mit à la voile au bout de quinze jours ; il fit le trajet heureusement, mais cette funeste entreprise eut un succès bien cruel. La sanglante bataille d'Alcaçar remplit de deuil tout le Royaume ; trois Rois périrent dans cette affreuse journée, & la déroute des Portugais fut générale. Sébastien y succomba lui-même, malgré la prodigieuse valeur des siens qui firent des efforts incroyables pour le sauver. Le Duc d'Aveiro, François Tavora & bien d'autres Seigneurs tomberent à ses côtés. Dom Manuel eut le même sort en plongeant son épée dans le cœur d'un Barbare qui mettoit la main sur son Roi. Sébastien, voulant vaincre où périr, fut enveloppé par les Maures qui taillerent en piece toute son armée. Toute la noblesse du Portugal resta sur le champ de bataille, ou fut prise par les Barbares. Jamais défaite enfin ne fut plus meurtriere. Sébastien, par un courage & une fermeté mal entendue, plongea le Royaume de Portugal dans les désordres que son malheur devoit nécessairement produire.

Cette affreufe nouvelle caufa une confternation fi épouvantable à Lisbonne, que de huit jours on ne vit paroître aucun habitant dans les rues. Chaque famille enfermée dans fa maifon, déploroit la perte générale & la fienne en particulier. Mais qui pourroit dépeindre la douleur mortelle de Madame de Ménéfès ? Trop vive pour être fentie, elle ne verfa pas une larme, elle ne jetta pas un cri, & ne proféra pas une feule parole. Tout-à-coup tombant dans une langueur ftupide, elle perdit prefque l'ufage de la raifon ; une fievre lente mina peu-à-peu fes forces, mais au bout de trois mois elle augmenta fi confidérablement, que les Médecins la jugerent hors de toute efpérance.

L'Amirante & dom Louis, que des obftacles imprévus retenoient en Portugal, étoient fans ceffe au chevet de fon lit. Elle touchoit prefque à fa derniere heure, lorfque dom Pedre arriva à Ternaès.

Cet homme par un zéle admirable avoit fauvé dom Manuel. Se trouvant féparé de lui dans le fort du combat, par une troupe de Barbares auxquels il fut obligé de fe rendre, il ne perdit point de vue dom

Manuel ; il vit le coup fatal dont il fut renversé, & remarquant l'endroit, il conçut un dessein digne de sa générosité. Si tôt que le carnage fut cessé, il tira à l'écart celui auquel le sort des armes l'avoit soumis : je puis faire votre fortune, lui dit-il ; un jeune Seigneur, auquel je suis attaché, porte à son bras un bracelet d'un prix infini ; je connois l'endroit où il faut chercher son corps, procurez moi les moyens de lui donner la sépulture, & le bracelet sera à vous.

Le Maure attentif à ce discours, & flatté par l'espérance d'une grande fortune, conduisit dom Pedre dès qu'il fut nuit, sur le champ de bataille. Ils trouverent en effet le corps de dom Manuel, & dom Pedre avec une joie pleine de transports, appercevant un reste de chaleur, se prosterna aux pieds du Maure : sauvez mon Maître, lui dit-il en pleurant, il en est temps encore ; sa rançon sera portée au delà de vos espérances. En finissant ces mots, il détacha le bracelet, & le remit entre les mains du Maure.

Ebloui par une si grande richesse, le Maure sans balancer, prêta son secours à un homme qu'il jugeoit un des premiers

Seigneurs de Portugal ; ils le porterent fe-
crétement dans une habitation qui apparte-
noit au Maure, & qui n'étoit pas éloignée.
Pour comble de bonne-fortune, un efclave
rénégat, bon Chirurgien, fe trouva dans ce
lieu, il panfa fes bleffures & le rétablit en
très-peu de temps.

Le Maure prit tant de goût pour dom
Manuel, que de jour en jour il éloignoit
fa liberté ; quoique fon efclavage fût doux,
fon cœur fe trouvoit déchiré, en fe repré-
fentant l'état douloureux de la Comteffe fa
femme, à qui il ne pouvoit donner de fes
nouvelles. Dans fon défefpoir, fans ceffe
il augmentoit le prix de fa rançon pour
toucher le Maure, par l'appas des richeffes.
Mais ce que l'avarice n'avoit pu faire, la
jaloufie en vint bientôt à bout.

Un jour que dom Manuel fe difpofoit
à faire de nouveaux efforts, le Maure le
fit appeller. Son vifage étoit couvert d'un
fombre chagrin qui effraya dom Manuel.
Mes bontés, lui dit le Maure, auroient dû
toucher ton cœur, & te défendre de m'outrager par l'endroit le plus fenfible. En difant ces paroles, il lui montra une lettre de
fa femme, adreffée à dom Manuel, par la-

quelle elle le conjuroit dans les termes les plus tendres, de se trouver à un rendez-vous qu'elle lui marquoit, en l'assurant qu'il n'y auroit aucun péril pour lui. Dom Manuel qui n'avoit jamais vû cette femme voulut se justifier. Le Maure de mauvaise humeur l'interrompit brusquement : j'igno-re, lui dit-il, si tu es innocent ou perfide ; mais si dans un mois tu ne te mets en état de quitter l'Afrique, en me comptant le prix de ta rançon, je te livrerai au Chef des mines avec tous tes compagnons, pour y être employé le reste de tes jours.

Dom Manuel frémit à ce discours. Cependant prenant un air assuré, il répondit au Maure : si tu ne veux pas te fier à ma parole, au moins permets à dom Pedre de passer en Portugal pour aller chercher l'argent qui t'est promis. Le Maure y consentit, & après avoir fait enfermer dom Manuel sous une forte garde, il dit à dom Pedre d'un ton menaçant : pars sans différer, & si tu veux retrouver ton Maître, préviens le temps prescrit. Dom Pedre partit sur l'heure, & arriva assez tôt pour sauver la vie à Madame de Ménésès.

Dom Louis courut avec empressement
pour

pour inſtruire ſa fille d'un événement ſi
heureux ; mais trop foible alors pour en
ſoutenir le détail, & l'idée du péril où ſe
trouvoit encore dom Manuel, il ſe borna
à la perſuader que ſon époux vivoit, &
qu'ayant obtenu ſa liberté, dom Pedre venoit d'arriver pour chercher ſa rançon.
Qu'entends-je, dit-elle à ſon pere d'une
voix mourante : voulez-vous me rappeller
du tombeau par une illuſion trop ſédui-
ſante ? Non, ma chere fille, repartit dom
Louis en la ſerrant entre ſes bras, notre
bonheur eſt réel, & bientôt nous reverrons
dom Manuel ſi cher à votre cœur. Madame de Ménéſès ſortant de l'abyme de douleur où elle étoit plongée, ſe réveilla comme de la mort. Cependant elle n'oſoit ſe
livrer à la joie ; elle fit appeller dom Pedre,
elle lui fit cent queſtions auxquelles il ſa-
tisfit de façon que, ſans l'éclaircir tout-à-
fait, il la perſuada pleinement de ſon bonheur. Elle le goûta avec tant de plaiſir &
de tendreſſe, qu'elle paſſa des portes du
trépas dans un état tranquille, qui peu-à-
peu produiſit le rétabliſſement de ſa ſanté.

   Cependant dom Louis, voûlant preſſer
le départ de dom Pedre, ſe rendit à Liſ-

S

bonne , & malgré les désordres du Royaume , il y trouva la somme nécessaire , à
laquelle il en joignit une considérable
pour racheter le bracelet , si le Maure vouloit y consentir. Dans un séjour de vingt-
quatre heures que dom Louis fit dans cette
ville , il s'assura d'un bâtiment pour dom
Pedre , & le mit en état de retourner en
Afrique , après avoir donné à son zele tout
les éloges qu'il méritoit.

Quoique les choses fussent si bien dis-
posées , dom Louis prenoit de vives inquiétudes sur le sort de dom Manuel ; mille
accidens sur mer pouvoient différer le retour de dom Pedre ; il craignoit qu'irrité
par un peu de retardement , le Maure ne
se portât à quelqu'extrémité. Il appréhen-
doit encore que sa jalousie ne fût de nouveau excitée par les emportemens d'une
femme Africaine , qui sçait tout risquer
pour satisfaire une passion violente. Dans
cette agitation , dom Louis ne dissimula
pas assez bien pour sauver à sa fille de
nouvelles alarmes. Ne me cachez - vous
rien ? lui dit-elle un jour ; vous paroissez
inquiet. Dom Manuel est-il certain de sa
liberté ? ne dépend-elle que d'une somme

d'argent ? Dom Louis, preſſé vivement par les tendres inſtances de ſa fille, lui apprit malgré lui la ſituation préſente de dom Manuel, dont le retardement commençoit à l'inquiéter beaucoup. Nos peines ſont donc inépuiſables, s'écria la malheureuſe Comteſſe; toujours dans les alarmes & dans les tourmens. Dom Louis mit tout en uſage pour modérer ſa douleur, lui promit d'envoyer un ſecond bâtiment en Afrique, ſi dom Manuel tardoit à paroître. Ce ſecours & la raiſon calmerent un peu la Comteſſe; mais au bout de quelques jours, ſon impatience reprit de nouvelles forces; dom Manuel ne paroiſſant point, ſes larmes couloient ſans ceſſe.

Une nuit qu'elle ne dormoit point, il s'éleva tout-à-coup un tourbillon de vent ſi terrible, que l'on crut que tout alloit être confondu. La Comteſſe qui ſe flattoit que dom Manuel pouvoit être en mer, regarda cette tempête comme le dernier coup qui devoit l'accabler. Cependant ce furieux orage s'étant calmé peu-à-peu, elle s'endormit pour quelques momens; occupée d'idées effrayantes, elle vit en ſonge un vaiſſeau battu des vents avec tant de violence, qu'il menaçoit d'être englouti. Dom Manuel ſur le tillac ſembloit implorer ſon ſecours, lorſque le vaiſſeau diſparut à ſes yeux & s'enfonça dans la mer.

Un ſpectacle ſi épouvantable, la réveilla dans un trouble dont elle fut long-temps à ſe remettre ; mais prenant des forces de ſon courage, le temps ſe tournant au beau ſur le ſoir, elle monta en carroſſe pour aller à ſa grotte comme à l'ordinaire. Qui pourroit exprimer le ſaiſiſſement dont elle fut atteinte, lorſqu'elle apperçut un bâtiment ſans voiles & ſans agrès, qui faiſoit de vains efforts pour gagner le rivage? Senſible & tendre, ce ſpectacle l'auroit touchée naturellement ; mais il lui rappelloit des idées ſi cruelles & ſi récentes, que peut-être elle eût perdu l'uſage de ſes ſens, ſi l'eſpoir de ſecourir ces malheureux ne l'eût ſoutenue. Elle mit pied à terre toute tremblante ; & voyant une petite barque qu'un Pêcheur attachoit au rocher, elle le conjura d'aller au ſecours du bâtiment, pendant qu'elle envoyoit au port donner avis du péril où il ſe trouvoit. Le Pêcheur n'eut pas plutôt joint le navire, que la Comteſſe en vit deſcendre une ſi grande

foule de paſſagers, que ſes alarmes ſe renou-
vellerent; elle ne douta pas que le poids ne
fît enfoncer la barque. Cependant ſa lége-
reté la ſauva; elle aborda le rivage, dans
le même moment que le vaiſſeau fut englouti dans les ondes.

La Comteſſe ne vit que dom Manuel
qu'elle avoit reconnu dans la barque avec
dom Pedre. Une vue ſi cheré l'avoit tranf-
portée à un tel excès, que lorſqu'il fut
près d'elle, elle ne ſçut lui dire une parole; & ſans ſonger à ce qui l'environnoit,
elle ſe précipita dans les bras de ſon époux.
Dom Manuel les larmes aux yeux, ſe livra
à ces tendres careſſes avec une joie ſi bien
exprimée, qu'elle toucha vivement tous
ceux qui en furent témoins.

Madame de Ménéſès revenue de ſon
trouble, reçut de toute la troupe avec ſes
graces ordinaires, des remercimens pro-
portionnés au ſervice qu'elle venoit de rendre; & après avoir donné ordre aux per-
ſonnes de ſa ſuite, de conduire à Ternaès
ceux qui avoient accompagné dom Manuel, elle ſe retira dans ſa grotte avec ce
tendre époux, dom Pedre & Olympe.

Que ce beau lieu qui les réuniſſoit,

parut délicieux à dom Manuel & à la Comtesse ! avec quelle effusion de cœur, ne s'exprimerent-ils point, l'un à l'autre, les tendres sentimens dont ils étoient agités ! De tels momens ne se peuvent dépeindre ; il faut les sentir pour les connoître. Après une heure de repos, dom Manuel ne put résister à l'envie de revoir cet antre obscur, où il avoit passé de si douloureux jours : mais épouvanté par l'horreur de ce triste lieu, il en sortit avec précipitation ; & montant en carrosse, ils se rendirent à Ternaès, où dom Louis & l'Amirante, sur l'avis qu'ils avoient reçu, arriverent de Lisbonne un moment après. Leur présence augmenta sensiblement la joie des deux époux, par les tendres caresses qu'ils leur prodiguerent. Le zele de dom Pedre fut récompensé au-delà de ses espérances; mais la confiance & l'amitié dont le Comte & la Comtesse l'honorerent le reste de ses jours, fut le seul bien dont il parut touché. Telle fut la fin des malheurs de Monsieur & de Madame de Ménésès, qui jouirent long-temps d'un repos qu'ils avoient acheté par tant de larmes.

FIN.

nature; avec l'hiftoire des drogues fim-
ples tirées des trois regnes, & le détail
de leurs ufages dans la médecine, dans
l'économie domeftique & champêtre, &
dans les arts & métiers; nouvelle édition,
6 *vol. in-8. rel.* 27 l.
Le même, 4 *vol. in-4. rel.* 48 l.
Hiftoire du patriotifme François, ou nouvelle hiftoire de France, dans laquelle
on s'eft principalement attaché à décrire
les traits de patriotifme qui ont illuftré
nos Rois, la nobleffe & le peuple François, depuis l'origine de la monarchie
jufqu'à nos jours, par M. Roffel, 6 *vol.
in-12. rel.* 15 l.
Hiftoire littéraire des femmes Françoifes,
ou lettres hiftoriques & critiques, con-
tenant un précis de la vie, & une ana-
lyfe raifonnée des ouvrages des femmes
qui fe font diftinguées dans la littérature
Françoife, par une fociété de Gens de
lettres, 5 *vol. gr. in-8. rel.* 25 l.
Hiftoire anecdotique & raifonnée du théatre Italien, depuis fon rétabliffement en
France jufqu'à l'année 1769. 7 *vol. in-12.
rel.* 17 l. 10 f.
Hiftoire du théatre de l'Opera-Comique,
2 *vol. in-12. rel.* 5 l.
Le Huron ou l'Ingenu, Roman de M. de
Voltaire, 2 *vol. in-12. br.* 2 l.
La Reine de Benni, nouv. hiftoriq. *in-12.
br.* 1 l. 4 f.

F I N.